AF611523

QUELQUES JOURS

D'UN

JEUNE ANGLAIS

EN NORMANDIE

AU MOIS DE JUIN 1869

Par **E. B.**

TRADUIT DE L'ANGLAIS PAR

L'ABBÉ MALAIS

Curé de Martin-Eglise, près Dieppe.

AVEC DEUX APPENDICES CONCERNANT

LES GRAVELINES DE ROUEN ET LES ECCLÉSIASTIQUES NORMANDS

Morts en Angleterre (1793-1838).

DIEPPE

IMPRIMERIE D'ÉMILE DELEVOYE

RUE DES TRIBUNAUX, 7

1875

QUELQUES JOURS

D'UN

JEUNE ANGLAIS

EN NORMANDIE

AU MOIS DE JUIN 1869

Par E. B.

TRADUIT DE L'ANGLAIS PAR

L'ABBÉ MALAIS

Curé de Martin-Église, près Dieppe.

AVEC DEUX APPENDICES CONCERNANT

LES GRAVELINES DE ROUEN ET LES ECCLÉSIASTIQUES NORMANDS

Morts en Angleterre (1793-1838).

DIEPPE

IMPRIMERIE D'ÉMILE DELEVOYE

RUE DES TRIBUNAUX, 7

1875

Cette traduction est dédiée
à Mademoiselle Bishop,
en souvenir de ma résidence trop courte à Paignton,
au mois de Juillet 1870.

L'Abbé Malais.

N. D. T. à la fin de certaines notes, signifient : *Note du traducteur*.

Cette traduction est dédiée
à Mademoiselle Bishop,
en souvenir de ma résidence trop courte à Paignton,
au mois de Juillet 1870.

L'Abbé Malais.

N. D. T. à la fin de certaines notes, signifient : *Note du traducteur*.

En tête du texte anglais :

Offert à mon ami,
Monsieur l'abbé Malais,
Curé de Martin-Eglise,
comme souvenir des jours heureux passés sous son toît hospitalier en Juin 1869.

Londres, au retour d'une excursion faite ensemble à Paignton, Torquay, Dartmouth, Totness, Exeter, et Salisbury, 28 Juillet 1870.

EDMUND BISHOP.

QUELQUES JOURS
D'UN JEUNE ANGLAIS EN NORMANDIE
AU MOIS DE JUIN 1869

Omnis vis amicitiæ, voluntatum, studiorum, sententiarum, summa consensio.

« C'est dans le mutuel accord des volontés, dans le goût des mêmes études et des mêmes sentiments que l'amitié trouve sa force. » (Cicéron, *De l'Amitié*, 4.)

PREMIER JOUR

Départ. — Sussex. — Lewes. — William de Warenne. — Le Prieuré. — Sépulture du fondateur. — Le 2e comte de Surrey. — Les descendants des Warennes. — Newhaven. — Le passage. — Dieppe de la mer. — Entrée du port. — Le port. — Le quai. — Débarquement. — Hôtel. — Diner. — Promenade. — Les Oratoriens à Dieppe. — Richard Simon. — La Grande-Rue. — Les revers de Dieppe. — Un Evêque de Soissons. — François duc de Fitz-James. — Sa conduite envers Louis XV. — Le temps fait tout périr. — Sculpture en ivoire. — La grande place. — Saint-Jacques. — L'extérieur. — Plan général. — Chapelle de la Vierge. — Le Trésor. — Fête-Dieu. — Restaurations. — Le Sépulcre. — Coup-d'œil. — Chapelle de Bon-Secours. — En route pour Martin-Eglise. — Avenues et rivières. — Temps nuageux. — Approches du village. — Le Presbytère. — Bibliothèque. — Livres liturgiques. — Histoire. — Diversité. — Bienvenue. — Retour à Dieppe. — Repos.

Voici bien une année que j'ai promis de rendre visite à l'abbé Malais, curé de Martin-Eglise, près Dieppe, quand enfin je trouve le moyen d'aller passer quelques jours près de mon ami.

Le soir du *Jeudi 3 Juin* (1869) me trouve fort occupé des préparatifs de mon voyage. Je compte partir seulement dans la soirée du jour suivant; mais, assez tard dans l'après-midi, je découvre que le service de nuit entre Newhaven et Dieppe est changé et qu'il faut m'expédier le matin du lendemain, *4 Juin*.

J'étais debout de bonne heure et, après un frugal déjeuner, comme il est d'ordinaire en telles circonstances, je m'empresse d'aller prendre le *train* à London-Bridge.

La gare était presque déserte, ce qui est assez naturel à un tel moment, car sept heures étaient à peine sonnées. Quelques voyageurs qui se présentaient, destinés tous pour la France, s'occupaient hâtivement de faire enregistrer leur bagage et de prendre place dans les wagons. Le compartiment dans lequel je me trouve est bien garni ; cependant, il y règne un silence presque complet. Après quelques efforts pour le rompre, je me retire en communication avec mes propres pensées.

Dès que nous approchons du Sussex, l'aspect du pays devient intéressant : ces vallées enfoncées qui semblent sortir tout-à-coup des plaines étendues, avec leurs agréables contours et leurs gazons si doux à la vue, sont toujours plaisants. Çà et là un village perdu dans les arbres et se reposant dans les flancs d'une colline, ajoute à la beauté paisible de ce spectacle.

Quand nous touchons à Lewes, ville principale de ce comté, mon esprit devient uniquement occupé de son ancienne histoire et de celle de ses seigneurs du vieux temps. Car ce lieu fut la principale résidence du grand Guillaume de Warenne, « *Warren Normande principall quality*, » comme dit un ancien titre (1), et j'ai l'espoir de voir le berceau de cette famille, pendant mon séjour près Dieppe. Un des héros de la Conquête, comme Bigod, Giffard, de Clare ou de Ferrars, Guillaume de Warenne (2) fut mis à la tête de vastes possessions par son maître victorieux, au point de compter, seulement dans le Norfolk, jusqu'à cent trente-neuf manoirs ; mais en outre, le Conquérant, non content de com-

(1) Houard, *Coutumes Anglo-Normandes*, tome IV, p. 680. — *Magasin pittoresque*, 1835, p. 390.

(2) *Revue de la Normandie*, 1862, p. 700. *N. D. T.*

bler de biens son compagnon d'armes, il lui donna en mariage sa fille Gundrède (1). Durant le règne du Conquérant, ce grand baron retint le nom seul de Guillaume de Warenne ; puis, Guillaume-le-Roux le créa comte de Surrey, titre avec lequel le manoir de Dorking (2) est venu à son représentant actuel le duc de Norfolk.

Néanmoins, c'est comme l'introducteur des moines de Cluny en Angleterre que je me plais davantage à me souvenir de ce puissant seigneur. Sa fondation princière de S. Pancrace à Lewes, qui date de 1078 et qui, au moment de la suppression des monastères, avait un revenu de près de 1,100 livres sterling, maintint toujours sa place à la tête des maisons de cet ordre en Angleterre, et le Prieur de cette maison eut jusqu'à la fin le titre de grand chambellan de l'abbé de Cluny (3). Si ce prieuré atteignit presque aussitôt un haut degré de renommée, ce ne fut pas sans raison. L'historien Guillaume de Malmesbury semble ne pouvoir épuiser ses louanges pour la régularité et la discipline de ce monastère, bien qu'il déclare hautement que ses paroles sont insuffisantes pour rendre justice à son mérite (4).

Dans le chapitre de ce prieuré (5) fut inhumé le fondateur avec sa royale épouse, et leurs restes furent découverts, il y

(1) Guillaume de Malmesbury et quelques autres écrivains ne font pas mention de cette fille de Guillaume-le-Conquérant. Voir : Alford. *Annales Eccl. Angl.* A. D. 1083. XIV. Comparez : 1086 XI. Il paraît, par de récentes recherches, que Gundrède était seulement fille de Matilde, qui épousa le Conquérant, étant veuve.

(2) Voir la généalogie dans Nicolas. *Synopsis of the Peerage*, p. 624 et seq. Voir aussi : p. 471-2. La date de la création du titre actuel remonte à 1483.

(3) Tanner. *Historia monastica*, édit. 1744, p. 552. — Alford. *Annales Eccl. Angl.* A. D. 1078. V. VII. — La charte de fondation est dans le *Monasticon Anglicanum*, p. 615 et suiv., où l'on trouve, je crois, quelques difficultés. — Ce monastère eut un fief à Dieppe. Voir : *Plan et description de la ville de Dieppe au XIVe siècle*. Dieppe, 1868, p. 13.

(4) Alford. *Ubi suprà*.

(5) Alford. A. D. 1138. XV. — *Guide* Richard. 1849, p. 86.

a quelques vingt-cinq ans (1), pour être ensuite placés dans un tombeau qui leur avait été préparé (2).

Le deuxième comte de Surrey fut un véritable imitateur de ses parents, dont il soutint, restaura et acheva les grandes fondations de Lewes et de Castle Acre dans le Norfolk (3), comme dit le moine reconnaissant de Lewes (4). Je ne puis m'empêcher de croire que les bonnes actions de ces hommes du temps passé n'aient attiré la bénédiction du Ciel jusque sur leurs derniers descendants, lesquels, au milieu du naufrage tant au temporel qu'au spirituel de si nombreuses maisons illustres, se sont maintenus au premier rang de la noblesse anglaise; et ce qui est plus glorieux encore, ils ont conservé intact le précieux héritage de la

(1) Voir une gravure des cercueils dans l'abbé Cochet : *Note sur trois cercueils*, etc. Dieppe, 1867, p. 16. — *The record of the house of Gournay*, p. 253.

(2) Hugues d'Amiens, archevêque de Rouen, avait été prieur de S. Pancrace de Lewes, puis abbé de Reading. Pommeraye. *Hist. des Archev. de Rouen*, p. 313. — La paroisse d'Etables, près Dieppe, ayant relevé de l'ordre de Cluny et même du Prieuré de Longueville, il ne faut pas s'étonner que le Prieur de Lewes ait présenté à notre archevêque, Eudes Rigault, un curé pour Etables. (VIII Kal. Maii 1251. *Præsentatus nobis fuit ex parte Prioris Levyensis de Angliâ quidam clericus ad ecclesiam de Stabulis.*). D. Toussaint Duplessis. *Descript. de la haute Normandie*, t. I, p. 449. — *Reg. Visit.* — On trouve dans les dernières éditions du *Dictionnaire historique* de Feller, un article sur : *Valgrave* (Dom François) bénédictin, né anglais, de la congrégation des missions d'Angleterre, qui embrassa la règle de S. Benoît, en 1608, au monastère de Dieulouart, près de Pont-à-Mousson, fut Prieur claustral de Sainte-Foi de Longueville en Normandie, puis Prieur *titulaire* de S. Pancrace de Lewes en Angleterre. *N. D. T.*

(3) Autre monastère de l'ordre de Cluny, soumis à Lewes, évalué lors de sa suppression à 300 liv. st. par an. Voir : Tanner. *Not. Mon.* p. 337. — Alford. *Annales.* A. D. 1138. XV. — *Monast. Anglic.*, t. I, p. 616, 624 et suiv. et 1042. Les maisons qui relevaient de ces deux monastères peuvent être compulsées dans le *Monasticon*, pour donner une idée de l'importance de Lewes et de Castle Acre.

(4) Alford. 1138. XV. — Reyner. *Apostolatus Benedict. in Angliâ.* Append. 2. N° 49.

foi catholique que leurs ancêtres avaient alimenté avec tant de zèle.

Plein de ces pensées intimes qui traversent mon esprit, nous passons la ville de Lewes et bientôt la brise piquante de la mer me tire de mes réflexions ; nous sommes en peu de temps à la station de Newhaven, de laquelle il n'y a guère de distance jusqu'au bateau.

La journée est passablement belle et la première partie de la traversée est satisfaisante. A la fin, les passagers commencent à succomber les uns après les autres au mal de mer, les femmes descendent dans la cabine, tandis que les hommes, après s'être exécutés de leur mieux, s'étendent sur les bancs, cherchant un repos douteux, mais ne pouvant pas le trouver. Après cinq heures, nous sommes en vue de Dieppe. Puisqu'il paraît que nous avons précédé la marée, il nous faut passer une demi-heure à louvoyer devant l'entrée du port.

Mais ce temps n'est pas perdu, car il nous fournit l'occasion de voir à loisir Dieppe de la mer. Une ouverture entre des collines élevées, s'étendant environ d'un mille et un quart du Nord-Est au Sud-Ouest, forme l'assiette où la ville est bâtie. Dans toute la longueur s'étale le rivage, à l'extrémité duquel je découvre vers l'Est les jetées qui indiquent l'entrée du port. Sur les collines de l'Ouest se dressent les tours pittoresques du château, construction qui par son importance et son élévation donne un caractère particulier à tout son entourage. Au centre de la ville se montre la noble tour de l'église Saint-Jacques. Non loin du château, sur le bord de la mer, apparaît une construction de figure étrange, dominée par trois dômes et presqu'entièrement formée de verre ou de glaces : c'est l'établissement des bains ou le *Casino*, grand point de réunion pour les visiteurs durant la belle saison, ou plutôt leur propre maison et leur demeure, excepté pourtant la nuit et le temps des repas. Avec son billard et ses concerts, son cabinet de lecture bien fourni de journaux et de revues de toutes sortes, que chacun peut parcourir en s'étendant sur de moelleux coussins, avec ses séries continuelles de fêtes et de bals, le *Casino* est suffisamment animé pour les caractères gais, tandis que les plus moroses ne peuvent au moins manquer d'être charmés par la belle vue de la mer qu'offre la terrasse.

La demi-heure de délai nous permet de pénétrer aisément dans le port. Comme dans toutes les villes de ce genre, l'arrivée du paquebot est un des événements du jour. La jetée est en conséquence garnie de monde qui contemple notre entrée. On voit des femmes avec de grands bonnets blancs et des jupes bleues écourtées, des hommes en blouse, çà et là, un prêtre ou un soldat, une collection variée de toutes les classes mise en action ; et par dessus tout il y a cet indescriptible aspect étranger si pittoresque pour l'œil d'un anglais, au moins pour le mien certainement. Sur l'autre côté, se voit un rang de femmes occupées à tirer ensemble quelques bateaux pêcheurs, mais dont le rude travail ne les empêche pas de donner une certaine attention à notre *steamer*. A l'extrémité des jetées, de chaque côté, se voit sur les bords un crucifix de grande dimension, signe public que nous ne connaissons plus depuis longtemps en Angleterre. Je ne puis m'empêcher de remarquer que le christ que l'on trouve à gauche montre des fleurs de lys au haut de la croix et à l'extrémité des bras, tandis que le christ de droite, qui est plus élevé et fut érigé il y a environ treize ans, porte la couronne impériale à la place des fleurs de lys.

En entrant dans le port proprement dit, il est tout naturel de remarquer, avant le débarquement, que la ville qui ne pouvait se voir entièrement de la mer, s'étend au-delà du chenal, bordant un avant-port et un premier bassin, dont elle semble prendre constamment la direction. Il y a encore un second bassin, qui suit l'autre à angle droit et qui se prolonge vers le Sud-Ouest. Vis-à-vis de la ville se trouve un faubourg considérable, nommé le Pollet, qui communique avec Dieppe par un pont tournant placé à la jonction de l'entrée du port et des bassins intérieurs.

Le quai est garni de belles maisons, plusieurs desquelles sont des hôtels. Ces hôtels ne sont pas pourtant les plus remarquables ; ces derniers se voient sur toute la longueur de la verte plage qui sépare la ville de la mer. Il me faut avouer ici que la simple vue d'une ville étrangère me fait du bien ; tout y est si totalement différent d'une localité anglaise. Peut-être mon imagination est-elle excitée pour me faire parler ainsi ; toujours est-il que l'idée seule de ce déplacement d'habitudes est pour moi comme un repos d'esprit absolu.

Nous nous mettons tous en mouvement avec ardeur pour débarquer. Le bagage des passagers qui doivent rester à Dieppe est aussitôt conduit à la Douane. Sans que j'aie le désagrément d'ouvrir mon porte-manteau, je le dirige de suite sur l'hôtel Victoria, où il arrive avant moi. L'excellente dame qui tient cet hôtel était sur la porte et il me semblait que, après deux ans écoulés depuis mon dernier passage à Dieppe, je n'étais pas un inconnu.

Le dîner, selon ma demande, me fut servi aussitôt que j'eus pris le temps de changer de vêtements et de me rafraîchir, en me lavant autant que les petites cuvettes françaises peuvent le permettre (1). Mon dîner fut assaisonné par un bavardage perpétuel du garçon qui me parla de Dieppe et de la politique locale. Quand enfin je me trouvai libre, je résolus de faire une petite excursion.

Il était alors cinq heures et demie ; mais j'espérais avoir encore assez de temps pour gagner Martin-Eglise à une heure convenable et trouver mon cher abbé qui, d'après nos conventions, ne m'attendait que le jour suivant.

En laissant l'hôtel, je ne pus m'empêcher de jeter un coup-d'œil de regret sur le Collége, anciennement la Maison des Oratoriens, qui se trouve à peu de distance sur la gauche. Avant la Révolution, cette vaste enceinte était occupée par de nombreux élèves. Les anciens bâtiments restent toujours les mêmes et ne sont pas inoccupés, il est vrai ; mais le petit nombre relatif de ceux qui fréquentent cet établissement suffit seul pour montrer clairement combien il est tombé, quand on se souvient de ses anciens

(1) On sait que l'usage fréquent du charbon de terre oblige les Anglais à se laver souvent. De là, chez eux, les grandes cuvettes et les grands pots à l'eau. *N. D. T.*

possesseurs. Fondé le 2 septembre 1614 (1), ce Collége fut le premier qu'ouvrit pour l'éducation des jeunes gens, la Société récemment instituée par le pieux Cardinal de Bérulle. Ce Cardinal fut, comme on sait, le premier général de l'Oratoire de France (2).

Cependant, l'idée de Dieppe, jointe à celle de l'Oratoire, rappelle avant tout dans l'esprit, le savant, le mordant critique Richard-Simon (3), originaire de cette ville. Son humeur satirique et caustique, ainsi que sa vaste érudition, le rendirent un redoutable champion et plus que personne il brilla dans les querelles littéraires : les Bénédictins spécialement semblent avoir été ses *bêtes noires* (4). Sa propre Congrégation qu'il laissa en 1678, ne fut pas épargnée. En ce même cas, il eut pour modèles des prédécesseurs bien compétents, dans l'illustre théologien Morin et (pour prendre un exemple parmi un ordre différent) dans le Jésuite Mariana, deux savants qui se ruèrent sur leurs propres confrères, par de vigoureuses attaques (5).

Je me mets en route par la Grande-Rue que je longe tout droit. Cette voie, comme le nom l'indique, est la principale rue de Dieppe ; partant de l'entrée du port, elle suit une ligne parallèle avec la plage dans la direction de la côte Ouest, sur laquelle est située le Château. Cette rue parait

(1) L'abbé Malais. *Calendrier Normand et Analectes*. Dieppe, 1860, p. 130.

(2) *Dictionnaire historique*. Caen, 1786, art. *Bérulle* (Pierre de). — Le cardinal de Joyeuse, archevêque de Rouen, fondateur du Collége de Dieppe, bâtit de plus un séminaire à Rouen et une maison pour les Jésuites à Pontoise. *Dict. historique*, art. *Joyeuse* (François de).

(3) *Dict. historique*, art. *Simon* (Richard). — Du Pin. *Bibliothèque des auteurs eccl.*, t. XIX, p. 75 et suiv.

(4) Pendant que je parle des Bénédictins et des Dieppois, je ne puis omettre de dire que Dom Le Nourry, auteur du rare : *Apparatus ad Biblioth. max. patrum*. 2 vol. in-f°. Paris, 1703-15, était également né à Dieppe et Dom Godin aussi. (Malais, *Calendrier Normand et Analectes*, p. 122 et 133.)

(5) *Dict. hist.*, art. *Morin*, I, et *Mariana*.

dans l'histoire de la ville, au milieu du XIIIe siècle, sous le nom de *Major vicus* et sous celui de la rue de la *Caretterie* dans le XIVe (1). Ce dernier nom fut donné communément aux principales voies de plusieurs villes de France (2), à cause du fréquent passage des chariots et des voitures qui ne pouvaient guère circuler dans les autres rues, vu leur peu de largeur (3). Le *Guide* de Dieppe nous dit que les rues de la ville sont ouvertes et aérées : c'est bien ce qu'il paraît aux habitants. Mais quand on vit ordinairement dans une grande capitale, c'est là qu'on trouve en réalité des rues véritablement larges. Toujours est-il que celles de Dieppe semblent parfaitement convenables pour une localité de son importance ; bien que je suppose qu'un Havrais (4) en conviendrait à regret. Aussi n'essaierai-je pas à comparer Dieppe avec le Havre, ou *Franciscopolis*, comme je crois qu'on voulut nommer cette ville (5).

En effet, Dieppe est malheureusement une de ces villes déchues, dont l'histoire est triste à parcourir. Les guerres religieuses du XVIe siècle portèrent le premier coup à sa prospérité; cependant elle se soutint en quelque manière jusqu'à la destruction complète de la Cité par le bombardement d'une flotte Anglo-Hollandaise en 1694. Alors, le Château, les deux grandes églises et quelques rares maisons échappèrent seuls à cette ruine.

Dieppe, dans son état actuel, est donc une nouvelle ville. Mais parmi les rares constructions du vieux temps, il reste une habitation qu'un Anglais surtout, qui aime à découvrir les traces de ses compatriotes à l'étranger, ne peut s'em-

(1) *Plan et Description de Dieppe au XIVe siècle*, p. 30.

(2) Il y a encore une rue des *Charrettes* au Pollet et à Rouen. *N. D. T.*

(3) Du Cange. *Glossarium Lat.* au mot : *Carreria*. Les coutumes de Clermont (marquées ici) disent qu'une telle voie doit avoir huit pieds de large. Voir la description de cinq sortes de rues, dans Beaumanoir, *Coutumes du Beauvoisis*, édit. Thaumas de la Thaumassière, p. 129.

(4) L'abbé Malais est né au Havre. *N. D. T.*

(5) A cause de sa fondation sous François Ier. *N. D. T.*

pêcher de voir avec un respect affectionné. Cette maison encore existante, rue d'Ecosse, fut visitée par un Evêque de Soissons. Etant à Dieppe peu de temps après son sacre (1), il bénit le 26 octobre 1739 (2), la chapelle des Frères des Ecoles Chrétiennes. Cet institut toujours florissant fut fondé, comme on sait par le vénérable J.-B. de la Salle, mort à Rouen vingt ans auparavant (3). On demandera peut-être qui était cet évêque de Soissons et ce qu'il a à faire avec l'Angleterre (4).

Hélas ! je me vois obligé de dire qu'il nous faut céder à la France l'honneur de l'avoir élevé et de l'avoir possédé chez elle ; mais d'une certaine manière, nous pouvons encore réclamer François duc de Fitz-James et Evêque de Soissons, comme étant un Anglais. Premier fils de l'illustre Fitz-James, duc de Berwick, il fut formé ainsi qu'on devait l'attendre d'un tel père (5), dans des sentiments profondément religieux ; puis, dédaignant son droit d'aînesse et les grandes espérances que sa position pouvait lui faire atteindre, il entra dans l'état ecclésiastique. En 1739, étant âgé de trente ans, on le nomma évêque de Soissons (6). Sa carrière fut une des plus irréprochables pendant ce long et triste règne de Louis XV ; son courage inflexible pour le maintien du droit de la vérité et de la justice l'empêcha d'avancer au-delà dans les hautes dignités de l'Eglise ; mais il avait renoncé par avance à tout projet éclatant et ne fit que continuer le sen-

(1) L'abbé Malais. *Calend. Norm, et Analectes*, p. 251.

(2) Ibid., p. 133.

(3) Ibid., p. 24.

(4) Une note publiée par la *Vigie de Dieppe*, au mois de mai 1866, propose de placer l'inscription suivante sur les murs de la maison dont il s'agit : « Cette ancienne chapelle, à l'usage des Frères des Ecoles chrétiennes, fut bénite le 26 octobre 1739, par François, duc de Fitz-James, petit-fils de Jacques II, roi d'Angleterre, grand-vicaire de Rouen, évêque de Soissons. » *N. D. T.*

(5) Extrait de Montesquieu. *Dict. hist.*, art. *Fitz-James, I.*

(6) *Dict. hist.*, art. *Fitz-James II.*

tier du renoncement qu'il avait lui même choisi. Nous entrerons dans quelques détails.

Pendant qu'une Cour dissolue semblait s'opposer à ses avertissements, Fitz-James tenait ferme aux principes et s'occupait assidûment de son diocèse ; mais quand le Roi tomba dangereusement malade à Metz, encore entouré de ses malheureux courtisans, qui prenaient toute sorte de moyens pour lui cacher sa situation funeste, « il y eut un homme qui dirigea courageusement ses pas jusque vers la chambre royale en proférant ces mots : Page du Roi, oseriez-vous m'arrêter ? Puis se tenant à l'entrée, cette grande figure sévère, revêtue de la soutane violette, en rochet de dentelle et portant la croix pectorale, se montre. C'est Fitz-James, l'Evêque de Soissons. Se baissant ensuite vers le Roi, il murmure le mot de : confession. Mais le Roi ne veut pas croire au danger. — Il sera encore temps demain. — Le courageux Evêque persiste : — Sa Majesté peut commencer aujourd'hui et finir demain. — Les dames de la Cour qui écoutent au dehors sont consternées et poussent des soupirs ; puis, l'une d'elles plus hardie que les autres ose se précipiter jusqu'à l'oreiller du monarque. Le Roi lui ordonne de se retirer, réclame un confesseur et tombe en défaillance. La confession est faite pourtant et Fitz-James, comme une première conséquence de cette démarche, fait savoir, par ordre de Sa Majesté, à ces courtisanes effrontées qu'elles aient à déguerpir sur-le-champ. Elles baissent la tête et semblent incertaines, lorsque le maréchal de Richelieu s'avance pour leur dire : — Mesdames, si vous avez le courage de rester pour braver les ordres arrachés à un malade, je veux bien prendre le tout sur moi. — Ah ! en est-il ainsi, dit l'Evêque, tournant vers lui des yeux étincelants ; alors, que les églises soient fermées afin de rendre le repentir du Roi plus digne de remarque et la réparation due au Seigneur plus complète. — Les malheureuses femmes sont épouvantées. Elles et leur champion se précipitent pour sortir. Mais l'Evêque n'en a pas encore fini avec elles. — Sire, ajoute-t-il, les Canons de l'Eglise nous défendent de vous administrer le saint Viatique, tandis que ces personnes resteront dans la ville. Votre

Majesté est à l'article de la mort: il n'y a pas de temps à perdre. — Les misérables créatures sont mises absolument hors de la ville et couvertes de huées. Alors on administre la communion au Roi. En ce moment, une fois de plus, le Prélat inflexible demande un nouveau sacrifice : il appelle tout le monde et dit à haute voix que Sa Majesté l'a chargé de déclarer combien elle se repent de ses affreux scandales. Mais la foule murmure : — Il va tuer notre Roi, — et s'indigne fortement contre l'Evêque. Cependant, je l'avoue, en considérant de loin cette scène: la figure de cet austère Prélat accomplissant son devoir sans crainte, on dirait presque durement, au milieu de cette troupe de flatteurs hypocrites, valets, seigneurs et ducs plus vils même que les valets, on ressent que c'est en quelque sorte le seul souffle d'un air pur qui vient jusqu'à nous au milieu d'un tel règne. Néanmoins, cet Evêque courageux n'eut-il pas quelque doute sur ce qui devait prochainement arriver? Je soupçonne qu'il connut bien le caractère de cette conversion apparente. Le Roi recouvre la santé, il revient à Paris et le soir même, il est à genoux devant son ancienne et criminelle idole. O bon Evêque Fitz-James, jusqu'à quel point fûtes-vous consterné! Et bien qu'alors exilé de la Cour, plein d'un juste courroux, vous portez au moins avec vous le témoignage d'avoir rempli votre devoir (1). » — Je crains aussi moi-même que vous ne soyez oublié par ceux qui auraient dû garder un grand respect pour votre nom ; mais vos bonnes actions ne seront jamais effacées ni sans récompense dans ce jour où vous avez seulement voulu qu'on en tînt compte (2).

Pendant que je suis pas à pas la Grande-Rue, mon esprit est attiré vers d'autres pensées : les nombreux étalages garnis de belles pièces d'ivoire ne peuvent manquer de frapper la vue. Je ne saurais tenter d'énumérer la variété, de décrire l'élégance, de rendre seulement justice au bon goût

(1) Je n'ai pu m'empêcher d'extraire ce récit de la Revue périodique de Charles Dickens. « *All the year round.* » Vol. V, p. 275-6.

(2) On peut consulter à ce sujet les *Mémoires pour servir à l'histoire ecclésiastique pendant le XVIIIe siècle.* 3e édit., tome III, p. 82. *N. D. T.*

déployé parmi ces nombreux articles, plusieurs desquels sont véritablement des objets d'art. Il y a, je crois, environ trois siècles que des dents d'éléphant ayant été apportées à Dieppe pour la première fois : depuis cette époque jusqu'à présent cette ville a soutenu sa réputation pour ses produits en ivoire sculpté. Il me paraît que les ouvriers occupés à ce genre de travail résident pour la plupart vers l'extrémité ouest de la ville, dans une rue qui suit le dessous du Château.

Mais c'est vers l'église Saint-Jacques que je me dirige. Elle est située à l'extrémité opposée de la place du Marché, à la gauche de la Grande-Rue. En passant rapidement sur cette principale place de la ville, je donne un simple coup-d'œil à la statue de Duquesne, érigée au centre (1). Duquesne fut une des gloires navales les plus marquées de la Cité Dieppoise ; cependant, sans m'y arrêter, je tourne toute mon attention sur le noble édifice que j'ai devant moi. C'est une cathédrale pour l'aspect et pour la beauté, surpassant sous ces deux rapports, il faut que je l'avoue, notre cathédrale de Carlisle et nos cathédrales du Pays de Galles.

Saint-Jacques appartient au style gothique ou ogival du XIIIe et du XIVe siècle. Bien que le plus ancien monument religieux de la ville, cette église le cède en antiquité à Saint-Remy, sous le rapport de l'origine paroissiale. Nous parlerons plus tard de cette dernière. Le portail occidental de Saint-Jacques est accompagné de cette grande tour qui se dessine si bien sur toute la ville quand on la voit de la mer. Et maintenant, je puis contempler en outre combien ce vaisseau est merveilleusement travaillé et délicatement sculpté dans ses détails. Cette remarque s'applique à tout le portail, lequel cependant offre des traces trop évidentes d'ancienneté et des dommages qu'il a endurés. Comme d'usage, sur la porte principale est une grande rosace, si rare en Angleterre et si fréquente en France. Les sculptures ont été prodiguées, ce semble, sur tout l'extérieur du bâtiment et la légèreté des arcs-boutants ajoute ici comme partout, à l'effet général.

(1) Elle fut inaugurée le 22 septembre 1844. (L'abbé Malais. *Calend. Norm. et Analectes*, p. 131.)

En descendant deux ou trois marches (1), j'entre par le porche dans le remarquable transept. La grande nef accompagnée par des bas-côtés, est en outre environnée de chapelles qui font le tour de toute l'église. Le chœur a de grandes proportions : ce qui le rend propre à de majestueuses cérémonies ; mais, en jetant les yeux vers la voûte, on ne peut s'empêcher de remarquer ses riches pendentifs de sculpture, sans exprimer le regret des mutilations qu'ils ont soufferts de la main des Vandales.

La beauté magistrale de l'édifice est la chapelle de la Vierge derrière le chœur, véritable pierre précieuse. Ici, fort heureusement, les découpures si délicatement merveilleuses sont en état, ayant été restaurées avec un soin intelligent. Je ne goûte pas autant les vitraux nouvellement inaugurés, lesquels ne me semblent pas dignes de la place qu'ils occupent.

Non loin de la chapelle de la Vierge, au nord du chœur, est une remarquable sculpture de la Renaissance qui couvre toute la muraille et qui renfermait autrefois, ce qu'on appelait le Trésor. Or, ces richesses ayant été perdues, l'ancien Trésor sert de sacristie.

En continuant mon chemin, je fus surpris de voir dans le bas-côté, un dais préparé pour la procession du Saint-Sacrement (2) ; mais, après m'être renseigné, je sus qu'en France, la Fête-Dieu a été transférée par le Concordat de 1801, du jeudi au dimanche suivant et que l'Octave court d'un dimanche à l'autre, au lieu du jeudi au jeudi, comme chez nos catholiques Anglais. Il y a donc ici deux processions solennelles et cette solennité n'est point encore terminée au moment de ma visite. Je me vois ainsi, sans m'y attendre, sur le point de prendre part à sa célébration.

Pendant ces trente dernières années, des sommes importantes ont été employées à la restauration de Saint-Jacques, lesquelles dépenses ont redonné à cette église un grand intérêt, par des réparations plus ou moins louables et judi-

(1) En 1870, ces marches ont disparu par le nivellement de la place. *N. D. T.*

(2) La Fête-Dieu en 1869 tombait le 27 mai.

cieuses ; mais il faudra dépenser beaucoup encore, avant qu'un résultat réellement satisfaisant soit obtenu. Depuis ma dernière visite, je trouve une chapelle au sud du chœur à laquelle on a récemment mis la main ; le travail est, dit-on, rétribué par des personnes généreuses et le total des frais ne sera pas connu. Il paraît que la dépense est supportée par une famille qui aurait autrefois possédé cette chapelle (1).

Terminant le tour de cette église, je remarque le sépulcre. vers l'extrémité ouest du bas-côté de l'épître. Cette chapelle contient une représentation frappante de la sépulture du Sauveur, en comprenant bon nombre de figures ; elle a été réparée assez récemment par la Société de la *Bonne Mort*. Cette petite merveille ne doit pas être confondue avec tant d'autres *sépulcres* (2), dont parle, en les citant, l'abbé Malais, dans un de ses *Voyages* manuscrits que j'ai parcourus. Beaucoup de ces *sépulcres* existent encore en France et quelques-uns se voient aussi dans nos anciennes églises d'Angleterre (3). Les chapelles du bas de la nef en face sont encore encombrées et n'ont pas jusqu'alors subi de travaux de restauration ; leur tour viendra sans doute.

En gagnant de nouveau l'aile du nord, je m'arrête une minute ou deux pour admirer le coup-d'œil présenté par toute l'église dans sa longueur. Cette vue me fait beaucoup regretter que l'abside, avec une chapelle terminale séparée du chœur par un pourtour, soit une chose si rare en Angle-

(1) Je pense qu'il s'agit ici de la chapelle, si bien restaurée, aux frais surtout de M. l'abbé Andrieu, curé de Saint-Jacques. *N. D. T.*

(2) Il y a eu des *sépulcres* destinés seulement aux solennités pascales. *Breviarium Bajocense*. 1771. *Sabbato sancto*. — *Johannis Abrincensis primùm episcopi, postmodum Archiep. Rothomagensis*. T. 147 de la *Patrologie* de Migne, 1853, p. 52 et suiv. *The Calendar of the Anglican Church illustrated*, 1851, p. 169. *N. D. T.*

(3) Bloxam's *Gothic Architecture* (10th. édit.), p. 402-3. — Peacock's *Church Furniture*. London. 1866, page 28 et planche p. 140. — Il est curieux que le sépulcre de Pâques à Séville, qui s'élève à 120 pieds de haut, soit dressé chaque année sur la tombe de Ferdinand Colomb, le fils du grand Christophe Colomb. — Germond de Lavigne. *Itinéraire de l'Espagne*, p. 532.

terre ; l'effet de cet ensemble me paraît incomparable : c'est la couronne obligée d'un noble édifice de ce genre.

La plus remarquable partie du bas-côté Nord est la chapelle de N.-D.-de-Bon-Secours, titre sous lequel la Sainte Vierge est spécialement honorée sur ces bords. L'image de la douce et clémente Vierge-Mère a touché le cœur des pauvres pêcheurs et dans leurs peines et leurs dangers, ils n'ont pas manqué d'avoir recours à son intercession (1). La chapelle, remplie comme elle l'est d'*ex-voto*, rend témoignage à leur dévotion et à leur reconnaissance, puisque c'est par le gain et les difficiles économies de ces hommes que ce lieu a été restauré et orné.

Cependant, il ne m'est plus possible de rester davantage dans Saint-Jacques ; j'ai toujours le trajet de Martin-Eglise devant moi. Une fois de plus je suis sur la grande place. Puis, je prends ma route par le quai qui borde le bassin au-delà de l'avant-port et après avoir longé ce quai, je traverse le pont situé à l'extrémité.

Une marche de quelques pas me conduit bientôt à la belle avenue qui s'étend entre le Cours-Bourbon, sur la droite et un large marais sur la gauche. C'est à travers ce marais que coule la Dieppe, rivière qui va se jeter dans la mer. Je remarque à l'entrée du Cours-Bourbon que le canal est couvert de nombreux bateaux de plaisance, plus ou moins remarquables, destinés au parcours du petit fleuve. La Dieppe est le résultat de l'Eaulne, de la Béthune et de la Warenne, lesquelles se joignent devant Martin-Eglise. Et depuis le point de jonction, cette unique rivière, autrefois nommée la rivière d'Arques, prend un nouveau nom. A l'extrémité de l'avenue, un petit détour me conduit sur le grand chemin qui mène à Martin-Eglise, situé à vol d'oiseau environ à une bonne lieue de la mer.

Le temps qui a été depuis quelques semaines assez défavorable, semble encore menaçant. Bien qu'il n'ait pas plu aujourd'hui, les nuages sont pesants et semblent s'abaisser, en jetant une grande obscurité sur tout le tableau qui m'en-

(1) Chateaubriand. *Génie du Christianisme*, 2e partie, liv. IV, ch. VII.

vironne. Heureusement, ce tableau s'éclaircit dans ma pensée par d'agréables souvenirs et par d'aimables prévisions.

Je marche toujours d'un pas leste et rapide : en une heure j'atteins le hameau. Comme tous ceux de ce pays, le village de Martin-Eglise est caché dans les arbres que domine seul le clocher couvert d'ardoises. En approchant plus près, le clocher lui-même disparaît ; cependant, laissant la grande voie, je prends un court sentier dont j'ai bien gardé le souvenir, et suivant un champ de blé, je gagne enfin le cimetière par un autre petit chemin.

Comme je me trouve ici au moment où se chantent les Complies, je reste au dehors de l'église, devant la porte, pendant quelques moments. Alors, la domestique de M. le curé arrive, elle me reconnaît immédiatement, et, après une courte conversation, nous décidons qu'il sera mieux pour moi d'entrer au presbytère jusqu'à la fin de l'office.

Un peu de causerie et la visite de la bibliothèque garnissent le temps qui s'écoule, je n'oublie pas pourtant de prendre pour le corps une petite réfection. Et ensuite, vient cette bibliothèque que je connais si bien ! Par où commencerai-je ? En présence de deux ou trois mille volumes bien choisis, la préférence n'est pas aisée à établir. Néanmoins, en l'honneur des études favorites de mon ami, que la science liturgique ait ma prédilection.

De nombreux missels et une rare collection de bréviaires, de processionnaux, de rituels, de graduels, offrant de l'intérêt soit sous le rapport de l'édition, soit par l'ouvrage en lui-même, forment un aspect remarquable et dénotent un riche butin, résultat de nombreuses années. Voici les célèbres auteurs liturgiques : Bona, Martène, Mabillon, de Vert, Le Brun, le sieur de Moléon, ou pour l'appeler par son vrai nom, Le Brun-Desmarettes, Bocquillot, Grandcolas et une armée d'autres. L'histoire ecclésiastique vient ensuite : Fleury, Tillemont, Bérault-Bercastel, du Pin, Godeau, Guettée, l'histoire de l'Eglise Gallicane, les Vies des Saints de Baillet, celle du P. Giry, celle de Godescard, les *Acta* de Sainte Thérèse, le *Monasticon Anglicanum*, Du Cange et un ensemble d'ouvrages spéciaux concernant la Normandie, beaucoup desquels sont rares et introuvables. Sur les tablettes d'en haut, je remarque treize ou quatorze volumes relatifs à la vieille controverse des Ordres Anglicans, sur laquelle question, soit dit en passant, mon ami est pour la négative, quoique accommodant par nature et fort disposé aux concessions ; bien qu'en relations aussi avec nos hommes les plus distingués de la haute Eglise (1). Les Commentaires sur l'Ecriture-Sainte et les ouvrages choisis sur la Théologie sont ici en abondance. Je fais attention aussi aux Conciles de Normandie de Dom Bessin, que je reconnais certainement pour une récente acquisition. Pourrais-je omettre le précieux *Record of the house of Gurney* (2), deux in-4° de la plus grande rareté, imprimés spécialement et distribués par l'auteur seulement en cadeau, ce qui leur donne un prix fabuleux, si par hasard on les trouve en vente. Je puis ajouter qu'il y a dans la bibliothèque de mon ami une demi-douzaine d'éditions du *Common Prayer Book* (3) contenant chacune quelque chose de spécial. Je me souviens que l'une d'elles offre la cérémonie à observer pour toucher les écrouelles, appelé chez nous le mal du Roi (4) (5). On ne peut pas essayer de citer tout ce qui est digne d'attention ;

(1) On appelle *Haute Eglise*, en Angleterre, les Anglicans qui se rapprochent des croyances et des pratiques catholiques. *N. D. T.*

(2) *Les Souvenirs de la Maison de Gournay. N. D. T.*

(3) *Le livre des prières ordinaires*, à l'usage de l'Eglise Anglicane. *N. D. T.*

(4) Ici je dois faire une remarque pour corriger la manière irrévérencieuse avec laquelle parle J.-B. Thiers sur ce sujet, à propos de notre Roi S. Edouard. Cet écrivain est d'autant plus digne de reproches, selon moi, qu'il parle tout autrement quand il s'agit des Rois de France, qui, après tout, n'ont fait qu'imiter les Rois d'Angleterre en touchant les écrouelles. Au moins, est-ce mon opinion. — Thiers. *Traité des superstitions*, 4e édit., t. I, p. 314, 449, 450, 3e édit., p. 361, 518, 519. — Alford, *Ann. Eccl. Angl.* A. D. 1062, VI et VII.

(5) Pour essayer de justifier J.-B. Thiers devant les reproches de mon jeune et savant ami, je vais citer quelques lignes que j'emprunte à l'*Histoire de l'Eglise Gallicane*, t. XI, p. 229 (édit. de 1826) : « Ce que dit Guibert de Nogent, au sujet du don de guérir les écrouelles accordé à

je ferai seulement une remarque générale sur tous ces livres, c'est que bon nombre d'entr'eux sont fournis de notes manuscrites plus ou moins détaillées, qui disent clairement qu'on a fait le meilleur usage de cette bibliothèque.

Cependant l'office est terminé et M. le curé revient au logis, surpris de me trouver déjà chez lui. Un accueil cordial et chaleureux m'est fait avec la pressante invitation de rester la nuit suivante, au lieu de retourner à l'hôtel. Je m'obstine à suivre ma pensée, en résistant à toute persuasion. Nous abordons naturellement une causerie variée sur ce qui nous intéresse intimement ; mais nous ne tardons pas à tomber sur ces études pour lesquelles nous avons l'un comme l'autre un si grand attrait. Bien plus, les livres sont tout prêts sur leurs tablettes ; nous sautons de l'un à l'autre, nous lisons, nous examinons, nous comparons, enfin l'heure tardive nous oblige à cesser. Il est un quart avant neuf heures.

Mon bon ami est déterminé à m'accompagner jusqu'à Dieppe, et c'est seulement par une longue persistance que j'obtiens enfin qu'il modérera sa bienveillance ; enfin, nous

nos Rois, est remarquable : « Ne voyons-nous pas, dit-il, notre Roi » Louis (le Gros) faire un miracle qui est ordinaire ? car j'ai vu ceux qui » avaient les écrouelles à la gorge ou ailleurs, accourir en foule, afin qu'il » les touchât et fît sur eux le signe de la croix. J'étais quelquefois auprès » du Roi, et je voulais empêcher les malades d'approcher ; mais le Roi » les tirait à lui par la main, avec beaucoup de bonté et d'humilité et » faisait sur eux le signe de la croix. Le Roi Philippe, son père, avait eu » le don d'opérer le même miracle et il l'exerça quelque temps avec gloire, » mais quelques fautes qu'il fit le lui firent perdre. Je ne dis rien, ajoute-» t-il, de ce que les autres Rois font en ce genre. Ce que je sais, c'est » que le Roi d'Angleterre n'ose rien entreprendre de semblable. » Godescard. *Vies des Pères*, etc. S. Marcon, 1er mai. S. Louis, 25 août. S. Edouard, 13 oct. — C. Leber, *Des cérémonies du Sacre*, in-8°, 1825, p. 447.

Des recherches subséquentes laissent encore à douter si les Rois de France ont réellement précédé ou suivis les rois d'Angleterre, quant au toucher des écrouelles.

Voir encore relativement à ce privilége : *Recueil des pièces pour servir de supplément à l'Histoire des pratiques superstitieuses du père Le Brun*, t. IV, p. 152 et 187. *N. D. T.*

convenons qu'il m'accompagnera jusqu'à moitié route. Nous laissons ensemble le presbytère et, pour cette fois, au lieu de passer par les champs, nous descendons la rue qui mène au grand chemin. Au carrefour qui nous fait face, au moment où nous tournons vers Dieppe, se voient deux maisons d'apparence ordinaire, mais pourtant intéressantes, ayant quelque rapport avec l'histoire de l'abbé Briche. Nous parlerons sans doute de lui plus tard. En causant, nous arpentons bien vite du terrain, la moitié route est parcourue et nous nous souhaitons la bonne nuit, en promettant de nous rencontrer demain après midi, à la bibliothèque publique.

Un peu plus qu'une demi-heure de marche accélérée me conduit à mon hôtel. Fatigué du trajet de toute la journée, je ne diffère pas à prendre un chandelier pour gagner aussitôt ma chambre.

DEUXIÈME JOUR

Changement de temps. — Une petite sortie. — Déjeuner et politique. — Candidats rivaux. — Jour de Congé. — Saint-Remi. — Extérieur. — Intérieur. — Son attrait. — Montée du Château. — Grande tour. — Vieux Saint-Remi. — Panorama. — Cloches. — Le Château. — Point de vue merveilleux. — Un grand Roi d'Angleterre. — Sheen et Sion. — La vue des environs. — Neuville. — Etran ou Estrau. — Bouteilles. Retour. — Fâcheuse approche. — Goûter ou *Lunch*. — Bibliothèque publique. — Elles manquent en Angleterre. — L'abbé Malais me rejoint. — Vers Martin-Eglise. — Lombarderie. — Disputes littéraires. — Le presbytère de nouveau. — Portraits. — Le jardin. — Les rosiers. — Abstinence. — Dîner. — Bonne coutume. — Destruction des arbres. — A la maison et au lit.

Je passe la nuit dans un sommeil profond qui me saisit immédiatement et n'a point d'interruption, jusqu'à ce que le matin suivant, *Samedi 5 Juin*, les brillants rayons du soleil, perçant mes fenêtres, me réveillent et m'avertissent qu'il est temps de se lever.

Au bout d'une demi-heure, je suis prêt ; toutefois avant de descendre, je saisis le temps de lire une trentaine de pages de *Kober's « Deposition »* que j'ai pris avec moi dans la pensée que j'aurais peut-être quelques moments libres. Ayant terminé vers huit heures où à peu près, je ne diffère pas à commander mon déjeuner pour huit heures et demie. Je sors ensuite dans la pensée de trouver le temps d'entendre la messe.

Quel changement d'hier à aujourd'hui ! Les nuages ont disparu, le soleil est clair et brillant, en même temps qu'une douce brise tempère la chaleur de la saison. C'est un véritable jour de commencement d'été, qui ne suggère que des pensées de bonheur et de joie.

En sortant de l'hôtel, je jette un coup-d'œil sur la scène animée que présente le bord du quai. Des poissonnières rassemblées en grand nombre font un bruit incroyable, ainsi qu'une armée de ménagères en vendant et en achetant : spectacle inconnu pour un habitant de Londres comme moi. J'étais d'ailleurs bien disposé pour jouir de tout cœur par les yeux et par les oreilles.

Je me hâte d'entrer dans Saint-Jacques. Apparemment la messe était célébrée bien avant l'heure où j'avais entendu la cloche sonner dans la matinée. Alors, je me rends à Saint-Remi. Là également je suis désappointé ; aussi, faute de mieux, je suis obligé de me contenter de mes dévotions particulières ; ensuite de quoi je reviens déjeuner.

Pendant le repas, je saisis l'occasion de me mettre au courant de la politique du jour qui agite la Cité. La *Vigie* ou la *Ligne directe* (1), deux journaux de Dieppe, me mettent l'un ou l'autre et peut-être simultanément au courant, grâce aux commentaires du garçon de salle. Alors j'apprends à connaître le candidat multicolore M. Estancelin, (finalement victorieux à ce qu'il paraît) qui trouve que sa conscience peut représenter à la fois les légitimistes et les républicains. Ou bien encore, si les extrêmes sont trop choquants, il pourra au besoin se porter pour les doctrinaires de l'Orléanisme ; il est d'ailleurs pour toute conviction sauf l'Empire. Vient ensuite M. Lebon, lequel me semble ici correspondre aux idées *rouges*. Enfin, voici le candidat officiel, M. Lédier, dont les professions de foi sont envoyées de tous côtés avec des lettres du Sénateur-Préfet pour appuyer cette candidature.

Le déjeuner terminé je rejette au loin la politique et, une fois de plus avec le délicieux sentiment d'un vrai jour de congé, je bats à loisir le pavé de la Grande-Rue, au milieu de cette paisible cité de province, sans risque d'être poussé et bousculé, comme dans les grandes villes, si on ne prend l'entrain d'un homme affairé.

Un détour sur la droite, au bout de la rue, me met de

(1) Le rédacteur de ce dernier journal, Ulric de Fonvielle, a été grandement impliqué dans la vilaine affaire de Pierre Bonaparte.

nouveau sur la place qu'occupe à peu près entièrement l'église Saint-Remi. Cet édifice, quoique moins vaste que Saint-Jacques, peut cependant approcher de la même dimension ; mais il est d'une époque beaucoup plus récente, ayant été commencé en 1522 et fini presque cent vingt ans après.

Ici, le gothique ogival et la Renaissance se disputent ensemble. Le portail occidental, appartenant à la Renaissance pure est, je crois, assez estimé. Autant que je puis juger en pareille matière, je me range entièrement à l'avis des connaisseurs auxquels je défère. Le reste de l'église offre un aspect prononcé du gothique ogival, surtout vers l'est et dans les parties les plus anciennes. Les réparations, à l'extérieur principalement, sont en progrès aussi bien qu'à Saint-Jacques; cependant, cette restauration, il faut l'admettre, est conduite trop lentement.

J'entre par le portail du nord. Et alors, en dépit des connaisseurs, j'élève la voix contre leur jugement, qui ne me paraît pas mérité. Les critiques (1) s'entendent pour décrier cet intérieur : sa lourdeur, son manque de style et ainsi du reste, soit. Saint-Jacques est certainement admirable ; mais, bons Dieppois, est-ce une raison suffisante pour déprécier un autre édifice religieux, lequel, quoique au second rang, a, je le soutiens, un mérite qui lui est propre ? Cela me paraît injuste. Depuis que j'entrai à Saint-Remi pour la première fois, cette injustice m'a frappé sans retour. J'admets pourtant que les reproches de manque d'élégance, de style, de fini et une foule d'autres sont fondés. Ces massives colonnes, lourdement posées, portant de courtes arcades qui supportent une voûte écrasée procurent une élévation commune : elles laissent l'imagination sans entrain et fixent dans l'esprit l'idée d'une certaine grandeur sans charmes. Ce fut peut-être une illusion d'abord, mais l'effet sur moi est toujours le même.

Je ne sais maintenant si je dois désirer la restauration complète de Saint-Remi. Il y a quelque chose de triste et

(1) Par exemple : l'abbé Cochet, *Guide du Baigneur*, p. 72. — Joanne, *Normandie*, p. 161-2.

d'abandonné qui attire vers cet édifice : les réparations feront inévitablement disparaître ce fâcheux état. A tort ou à raison, Saint-Remi me semble toujours posséder un attrait que je regrette de ne pas trouver dans l'admirable Saint-Jacques.

Laissant l'église, je prends ma route vers la plage, en traversant l'enceinte de la Mairie, dont un étage supérieur contient la bibliothèque publique. Je n'ai pas beaucoup de chemin à parcourir vis-à-vis de la mer pour atteindre le bas du Château. Tournant alors à gauche dans la rue qui longe la colline, à l'extrémité ouest de la ville et dans laquelle, je l'ai dit, se travaille beaucoup d'ivoire, bientôt j'atteins le bas de la montée qui mène au chemin escarpé de la forteresse.

Mon attention se fixe en même temps sur la grande tour carrée, d'un caractère religieux, qui se trouve à l'extrémité sud du Château. Cette tour de grande proportion, ayant encore sur ses diverses faces la trace de grandes et élégantes fenêtres, est un reste de l'ancien Saint-Remi, la première paroisse d'origine de toute la ville de Dieppe. De fait, on doit supposer que ce fut ici qu'était située l'église qui apparaît dans l'histoire au commencement du XIe siècle (1), et qui fut certainement la seule paroisse avant que Saint-Jacques fut bâti (2). Il est aisé de comprendre que ce terrain élevé se trouva habité plus tôt que le bas de la vallée, alors marécageux et sujet aux inondations, où se trouve actuellement la ville.

La peine et la fatigue qu'on se donne pour gravir le chemin rapide qui conduit à la porte du Château, sont récompensées par le point de vue qui met Dieppe si bien sous vos yeux, que vous pouvez le voir tel qu'il est et pénétrer dans toutes ses rues. Justement à cet instant le gros bourdon de Saint-Jacques était mis en branle pour quelque office. Et ici je dois noter combien sont belles les cloches de ce pays. De Martin-Eglise j'ai pu entendre, faiblement il est vrai, la cloche de Saint-Jacques, et, plus distinctement que je ne pouvais penser par le rapprochement, j'ai bien entendu la belle cloche d'Arques. Il paraît qu'au moment de la Révolu-

(1) *Plan de Dieppe etc, au XIVe siècle*, page 22, note 1.

(2) *Idem*, p. 22.

tion, les cloches qui servaient pour frapper l'heure furent épargnées, et qu'ainsi, par un heureux hasard, la cloche la plus forte dut sa conservation à cette mesure (1).

Le Château, dans son extérieur est un assemblage tant soit peu irrégulier de bâtiments, plus pittoresque que redoutable et plus charmant qu'intéressant. Il donne pourtant, il faut en convenir, un certain cachet à la ville. A l'extérieur, il est divisé en diverses cours, dont quelques parties sont occupées par des casernes et le logement des officiers, au milieu desquelles néanmoins le passage est libre. L'extrémité sud n'est pas ouverte au public, ce qui me fait supposer qu'elle est la principale défense de cette forteresse peu redoutable. Avant de pénétrer dans la dernière cour, je remarque une petite fenêtre du XVIe siècle au-dessus de la porte d'entrée à main droite ; mais généralement il n'y a dans tout l'ensemble aucun mérite architectural. Par une sortie accompagnée de rainures destinées à une herse et sur un pont fixé momentanément au-dessus du fossé à sec, qui longe de ce côté les murailles, je sors de l'enceinte et me trouve sur le haut des falaises.

Quel point de vue étendu et magnifique ! La mer azurée se montre tranquille dans son immensité et baigne le pied du coteau où je suis ; un bateau de pêche de distance en distance se voit comme un point brillant avec sa blanche voile éclatant aux rayons du soleil ; près du port une véritable flotte

(1) On doit dire ici, pour éviter toute méprise, que la cloche d'Arques a été refondue au commencement de ce siècle. Il faut remarquer aussi qu'en Angleterre les grosses cloches ne sont pas ordinairement sonnées en vol ; on se contente de les faire résonner, en les frappant, comme à Exeter, par exemple. Et, si l'on en croit l'abbé Jules Corblet, dans son opuscule ayant pour titre : *De la Liturgie des Cloches*, p. 34, telle aurait été l'ancienne coutume. « La sonnerie liturgique primitive, dit-il, ne paraît avoir consisté que dans des tintements variés. On retrouve un souvenir de cet antique usage dans beaucoup de villes d'Italie, où, en certaines circonstances, on se borne à frapper la cloche à coups de marteau. La sonnerie à la volée n'a jamais été admise dans la province Lyonnaise; on y préfère, comme au moyen-âge, le tintement grave et lent qui laisse à la vibration de l'airain toute la plénitude de sa sonorité; il en est de même à Milan, à Gênes et à Ravenne. » *N. D. T.*

de petites barques se dépêche de gagner la pleine mer, tandis que le paquebot anglais sort en même temps et qu'une épaisse colonne de noire fumée l'environne en se dissipant comme à regret. Sur le rivage, à mes pieds, la batterie moins prétentieuse que le Château dont elle est voisine, mais d'une utilité plus réelle à l'occasion, attire mes regards un moment. Tout près, des carriers taillent la pierre en frappant comme de concert, tandis que d'autres attaquent le rocher lui-même. Des voitures vont et viennent pour enlever ces lourds fardeaux. Ce sont les pêcheurs, néanmoins, qui me paraissent les plus actifs, avec leurs femmes robustes occupées sur leurs bateaux à ramasser ce que la marée a conduit dans leurs divers filets. Je jette les yeux avec lenteur sur tout ce qui entoure ce point culminant, mettant de côté tout souci et enivré par l'ouïe et par la vue, plein de bonheur, je m'étends sur le gazon, m'abandonnant à rêver.

La tour pittoresque du Château que j'ai devant moi reporte mon esprit à ces jours où les Cauchois courageux bâtirent cette citadelle contre les Anglais alors leurs maîtres (1). Il n'y a qu'un pas d'ici à Azincourt et à Henri V, notre puissant Roi, auquel, comme Anglais, je ne puis m'empêcher de penser. C'était un homme véritablement de son pays, un conquérant et même un bon catholique. Aucun de nos monarques ne saurait approcher de lui, excepté peut-être Edouard I ; mais je préfère Henri.

Cependant, à son souvenir, mon cœur est touché de la pitoyable destruction de ses deux grandes fondations monastiques de Sheen (2) et de Sion (3). Comme aujourd'hui je ne

(1) « Le château... a été bâti en 1433, par les communes du pays de Caux révoltées contre les Anglais. » — Joanne, *Normandie*, p. 163.

(2) *Monasticon Anglicanum*, t. I, p. 973 et suiv. et 1044. — Ducreux. *Vie de S. Bruno*, p. 239.

(3) Ibid., t. I, p. 973 et 1042. Le nom a été déformé par l'imprimeur qui a mis *Spon* pour *Syon*. T. II, p. 360 et suiv. Les religieuses de Syon, après leur dernière expulsion, au commencement du règne de la reine Elisabeth, se retirèrent en Hollande, ensuite à Malines. Leur communauté vint alors à Rouen et enfin elle se fixa à Lisbonne, (Tanner, *Notitia Mo-*

me sens pas porté aux tristes réflexions, je me lève et me mets à considérer encore quelque temps le point de vue qui m'environne.

En face de moi se présente la vallée que j'ai parcourue le soir précédent; sur la gauche de laquelle est une chaîne de coteaux couronnés par le lourd clocher de Neuville. *Newtown*, comme nous dirions, ou Neuve-ville, n'en est pas moins un village ancien et jusqu'à trente ans d'ici son église fut la paroisse des habitants du Pollet, qui devaient s'y rendre à grand'peine, comme j'en ai fait moi-même l'expérience. Il y a deux ans, je montai la colline qui accède au village, en compagnie de l'abbé Malais et de mon frère. L'église très-spacieuse me parut bien tenue et n'est pas dépourvue d'intérêt. Parmi les anciens vitraux peints qu'elle possède encore je remarquai particulièrement la représentation d'un bateau remontant au moins au XVIe siècle. Le sommet des coteaux est assez fortement boisé de ce côté pour masquer la vue et l'empêcher de se projeter au-delà. Je puis tout au plus distinguer une ou deux fermes qui composent actuellement le hameau d'Etran.

Etran, Estran ou le *Strand*, comme l'abbé mon ami me l'a fait remarquer mieux que personne, fut ainsi appelé lorsque

nastica, édit. 1744, p. 324.) Ces Brigittines anglaises, après un exil de trois siècles, fatiguées d'errer partout, sont finalement revenues en Angleterre. Elles occupent, à présent, un couvent à Spetisbury, près Blandford, dans le Dorsetshire. Ce monastère est donc situé dans le nouveau diocèse catholique de Plymouth, Devonshire.

Farin, *Hist. de Rouen*, 6e partie, p. 109. — D. Toussaint Duplessis. *Description de la Haute-Normandie*, t. II, p, 119. — Alban Butler, traduit par Godescard, *Vies des Pères*, etc. 6 oct. Note dans la Vie de Saint Bruno, et 7 oct. Note dans la Vie de Sainte Brigitte. — Un volume in-12 assez rare ayant pour titre : *Les Curiositez de Paris*, 1716, nous fournit ce renseignement, p. 193 : « Vous pouvez aller dans la rue des Fossés-Saint-Victor, vous y verrez *Notre-Dame de Sion;* c'est un couvent de chanoinesses régulières de Saint Augustin, fondées en 1633 et appelées les Religieuses anglaises. » — Meindre. *Hist. de Paris*, t. IV, p. 569. — *Encyclopédie* de Migne. *Dict. des Ordres religieux*, t. I, p. 503.

Malgré la ressemblance du nom de *Sion*, il paraît que l'identité du monastère ne saurait être prouvée. *N. D. T.*

la vallée était encore couverte par la rivière qui se rend à Dieppe (1). Cette rivière coule actuellement comme un simple et agréable cours d'eau, à travers des prairies verdoyantes et plantureuses.

A main droite se trouve Bouteilles, autre village également déchu. Au-delà, l'extrémité de la forêt d'Arques termine le tableau, au point où la vallée se divise en deux autres branches qui s'enfoncent dans le pays.

C'était une scène champêtre délicieuse, en ce brillant jour de printemps et ce ne fut pas sans regret que je me déterminai à laisser ces lieux pour regagner la ville ; mais le temps s'écoulait et je ne pouvais plus différer. Revenant par le chemin que j'avais précédemment suivi, je fus frappé, en descendant les derniers degrés, par des voix étranges partant d'un jardin au-dessous. Regardant au bas de la muraille, je distinguai deux magnifiques perroquets caquetant ensemble sur le ton le plus perçant. En m'apercevant, ils cessèrent tou-à-coup, gardant un silence obstiné et apparemment mécontents de mon indiscrétion, ils s'empressèrent de voltiger du haut en bas de leurs perchoirs ; puis, tournant violemment le cou, ils se mirent à me regarder de travers d'un œil plus qu'audacieux. Ils réussirent enfin à lasser ma patience et dépité un tant soi peu, je les laissai.

Après un tour sur le rivage, je me rendis à l'hôtel, tout prêt pour le repas du midi. Quand je l'eus terminé et que tous les arrangements nécessaires furent pris pour laisser l'hôtel, je me transportai sur le chemin de la bibliothèque publique, laquelle comme je l'ai dit, occupe l'étage supérieur de la Mairie ou de l'Hôtel-de-Ville, si ce bâtiment mérite un tel titre.

La bibliothèque publique de Dieppe compte à peu près dix mile volumes et est accessible à tout le monde, de midi

(1) On sait qu'une des rues principales de Londres, parallèle à la Tamise, se nomme le *Strand*. On retrouve ce même nom d'*Estran* en Flandre, pour désigner le bord de la mer. Voir : *Magasin pittoresque* 1837, p. 53, et 1860, p. 224. Voir surtout une note curieuse de feu M. Jules Hardy, dans la *Vigie de Dieppe* du 2 décembre 1861. *N D. T.*

à quatre heures, chaque jour, excepté les Dimanches et les Mercredis. Ici, il faut que je donne carrière à mon juste mécontentement contre le système anglais si exclusif en matière de bibliothèques publiques. Et aussi bien qu'un homme célèbre de ma contrée natale, fondateur de la Bodléienne (1), à Oxford, je me considère comme en droit de protester. N'est-il pas malheureux que dans notre riche pays, on trouve si peu de bibliothèques vraiment publiques! Dans le seul département de la Seine-Inférieure, il n'y a pas moins d'une douzaine d'institutions semblables : la petite ville même de Neufchâtel, avec moins de quatre mille habitants, qu'on croirait toujours occupés de leurs fromages, a une bibliothèque de plus de huit mille volumes. Chez nous, Londres, Oxford et Cambridge monopolisent et épuisent à peu près tous nos trésors accessibles d'érudition.

Après un mot au conservateur de la bibliothèque (2), je me mets autour du nouveau Traité diplomatique, ouvrage que j'ai été sur le point de me procurer à Londres, il y a plusieurs semaines ; puis je jette les yeux sur quelques publications récemment mises au jour par le Gouvernement français, concernant les sceaux et autres semblables matières. Ensuite, je me mets à parcourir divers manuscrits relatifs à l'Histoire de Dieppe que j'avais à peine vus deux ans auparavant. Finalement, je m'établis autour de la Biographie universelle ou générale, dont je n'ai pas gardé grand souvenir. Dans un tel ouvrage, on ne peut manquer de rencontrer quelque chose de nouveau ou de trouver certain passage qu'on aime à lire. Pendant que je cherche un nom après un

(1) L'illustre Thomas Bodley naquit à Exeter, capitale de l'Ouest de l'Angleterre et du Devonshire, le 2 mars 1544. Voir sa vie dans *Prince's Workies of Devon* (in-f°, Exeter, 1701), p. 75-82. La belle collection de médailles du docteur Barkham, né aussi à Exeter, mort le 25 mars 1642, fut donnée à la bibliothèque Bodléienne d'Oxford, par l'archevêque Laud. (Ibid. p. 104).

(2) M. Pierre-Antoine-Arsène Morin, le savant et modeste bibliothécaire de Dieppe, est décédé subitement dans la bibliothèque le 4 novembre 1869. *N. D. T.*

autre et que je remarque en passant les termes convenables dont on s'est servi en nommant les Howards, les Montmorencys de l'Angleterre, le temps s'écoule rapidement, jusqu'à l'arrivée de mon ami, l'abbé Malais.

Sans délai, nous nous plaçons dans la voiture qui attend au milieu de la rue avec mon bagage ; nous faisons retentir la Grande-Rue et passant le pont, nous traversons le Pollet par la rue principale.

Après les premiers entretiens d'amitié, notre conversation semble tourner tout naturellement vers nos études favorites. L'abbé me montre la rue Lombarderie, nom si connu même jusqu'à nos jours, dans toutes les anciennes ville commerçantes (1) et dans notre Londres en première ligne. Là même, non-seulement le nom est conservé, mais l'ancien caractère aussi. Qui n'a pas entendu parler des banquiers de *Lombard-Street* ? Ceci me remet dans l'esprit le patriotisme susceptible de Muratori, lequel, en commentant l'assertion de Du Cange que les *Caorsini* (nom qui avait la même signification que les *Lombards* au moyen-âge) étaient des marchands italiens établis en France et prenant leur nom de Cahors (2), rejette vigoureusement une telle imputation et assure qu'ils étaient Français (3). Contraint cependant à admettre que les Italiens furent coupables, il ne peut s'empêcher d'insinuer que, selon toutes les probabilités, les transalpins ne fussent plus exigeants dans leurs déplorables usures (4).

(1) Il y a une rue des *Lombards* à Paris. On connaît les places *Lombardes* à Amsterdam. — *Les Curiositez de Paris*, p. 420. — *France pittoresque*, t. III, p. 104. — *Dict. de Trévoux*, au mot : *Banquier*. — Villy, Villaret et Garnier, *Hist. de France*, t. VIII, p. 482. *N. D. T.*

(2) *Gloss. Lat.* verbo : *Longobardi*, *Caorsini*, t. II, p. 205 et t. IV, p. 46 de l'édition des Bénédictins.

(3) *Dissertazioni soprà le Antich. Ital.*, vol. I, p. 223, édit. Rom. 1790; dans l'édition latine in-f°, vol. I, col. 889-890.

(4) Carpentier, dans son supplément à Du Cange (au mot : *Caorsini*, vol. I, col. 776-7), revient à la charge, attaque Muratori et défendant l'honneur de ses compatriotes, il suggère que le mot de *Caorsini* ne peut pas même venir de Cahors en France, mais de Caours en Piémont. — *Dict. de Trévoux*, aux mots : *Banquier*, *Caorcin*, ou *Caorsin* et *Corsin*, et *Lombard*.

Une course d'une demi-heure nous fait arriver au presbytère si connu de moi, et j'y suis bientôt installé. Il m'est impossible de ne pas m'abandonner à cette pensée que j'habite chez un ecclésiastique normand de la vieille roche. Autour de ma chambre se voient les portraits de plusieurs archevêques de Rouen. Voici Jacques-Nicolas Colbert, le fils du grand ministre, lequel, outre son archevêché, tenait en commande l'abbaye du Bec (1) ; puis, le cardinal de la Rochefoucauld, vénérable confesseur de la foi (2), et Mgr Blanquart de Bailleul (3). Finalement, je rencontre la noble et bienveillante figure du cardinal prince de Croy (4), prédécesseur de Mgr Blanquart de Bailleul, et ce visage me frappe. Je ne puis dire assez combien son extérieur et sa pose annoncent la dignité et la bonne grâce.

Derrière la porte, je remarque une petite gravure représentant Clément XIV, avec cette inscription : « Il a rendu la paix à l'Eglise le 21 juillet 1773. » Là, je crois reconnaître une idée et une intention qui se marient avec les convictions de mon excellent hôte. Sur le mur, en face de la fenêtre, près du portrait d'un dignitaire dont j'ai oublié le nom, est un autre portrait, peint également, qui attire mon attention toute particulière. C'est une abbesse de Saint-Amand de

(1) *Dict. hist.*, art. *Colbert*, V. Son cousin, Charles-Joachim Colbert, fut l'évêque de Montpellier, sous le patronage duquel parut le célèbre *Catéchisme de Montpellier*. C'est une publication que je connaissais bien de nom, mais que je n'avais jamais vue. En visitant un jour les livres de M. l'abbé Malais, je tombai tout-à-coup sur les *Institutiones Catholicæ* de Pouget. Cet ouvrage me frappa et j'y reconnus la plus solide et la plus excellente théologie, selon mon goût. J'appris avec plaisir, en cherchant, que ces volumes nombreux n'étaient autres que le Catéchisme de Montpellier, traduit en latin, avec l'addition textuelle des passages cités pour la rédaction de l'ouvrage. — *Dict. hist.*, art. *Colbert*, VI, et *Pouget*. — L'abbé Malais, *Calendrier Normand et Analectes*, p. 211-212. — Du Pin, *Biblioth. des Auteurs eccl.*, t. XIX, p. 360.

(2) L'abbé Malais, *Calend. Norm.* etc., p. 252-7.

(3) Ibid. p. 269-71.

(4) Ibid. p. 266-9. L'abbé Malais a reçu tous les ordres, sauf le diaconat, des mains du prince de Croy.

Rouen (1), pendant le XVIIe siècle : elle porte l'habit de son ordre, avec la crosse à son côté.

Ayant terminé mon examen, je me mets aussitôt en possession de l'appartement et me hâte ensuite de faire un tour de jardin avant le dîner. C'est une étendue de terrain de forme carrée, cultivée selon l'usage du temps passé, fournissant abondamment et à la fois des fleurs, des fruits, des légumes. Les poiriers promettent une récolte extraordinaire: les arbres sont littéralement couverts de fruits qui attendent la maturité. Mais ce sont les roses qui font la gloire du jardin de la cure. Il y a des rosiers vieux et jeunes de toutes espèces ; cependant toutes ces espèces se ressemblent sous un rapport, par la quantité de boutons et de fleurs dont elles abondent. A chaque pas je désire m'arrêter, soit pour sentir une jolie rose parfumée ou pour admirer un bouton d'une beauté particulière. Je ne dois pas songer pourtant à me délecter plus longtemps, car M. le Curé m'appelle pour dîner et, selon mon usage, je ne manque pas à une telle invitation.

Dans ce diocèse de Rouen, c'est toujours la coutume d'observer l'abstinence le samedi aussi bien que le vendredi. Au moins, l'abbé Malais maintient-il vigoureusement cette ancienne pratique et, comme on ne porte pas ses priviléges et ses dispenses ainsi que son bagage dans un porte-manteau, je fais à Rome comme à Rome en suivant les observances du lieu.

Notre dîner maigre ne manque pas cependant d'assaisonnement et un flot continuel et rapide de conversation qui se prolonge pendant tout le temps que nous sommes à table, aide naturellement à faire passer les mets. La fenêtre ouverte sur le jardin donne aux yeux une agréable vue, qui s'étend jusqu'à la forêt dorée alors par les rayons du soleil couchant.

Le dîner terminé, mon hôte aimable, après avoir célébré l'office du soir, auquel j'assiste, me propose une petite promenade. C'est une bonne habitude qu'il recommande après

(1) *Encyclopédie* de Migne, *Dict. des Abbayes*, p. 37.

les repas. Bien que j'approuve et que j'apprécie cet usage, je ne puis dire que chez moi, à Londres, je sois fort tenté de l'observer. A Martin-Eglise, le cas est tout différent. Nous sortons donc et nous prenons précisément le chemin que doit parcourir demain la procession. Un peu plus bas qu'à moitié de la rue qui descend à la route principale, nous tournons sur la gauche. Tout près se voit la modeste construction qui résume la Mairie, l'école et autres établissements plus ou moins officiels de ce village.

Mon ami commence à déplorer le vandalisme destructeur des grands arbres, qui, bordant naguère le chemin de chaque côté, se réunissaient en berceau pour former une avenue mystérieuse à la procession de la Fête-Dieu. Les haies, il est vrai, sont toujours restées fraîches et verdoyantes, mais l'ombrage et le demi-jour font défaut; en même temps, néanmoins, on doit reconnaître que pour contrebalancer la perte du pittoresque, les habitants des chaumières voisines ne sont plus incommodés par l'humidité que causent inévitablement les épais feuillages.

Après avoir marché quatre ou cinq cents pas, nous descendons en tournant sur la droite par le chemin qui gagne la route d'Arques. Au milieu de cette voie les arbres ont été épargnés et les traces des pluies récentes qui ont disparu ailleurs sont encore ici très-visibles. Arrivés au grand chemin, au lieu de suivre à gauche vers la forêt ou vers Arques, nous prenons tout droit et bientôt nous retrouvons la direction qui nous fait remonter à l'église et au presbytère.

Il était alors neuf heures passées et l'obscurité commençait à s'étendre. Bientôt la prière du soir est dite en commun, puis vient le repos. Mais, d'abord, on fixe à sept heures du matin le moment de mon réveil pour le lendemain : ce à quoi mon ami n'a jamais manqué d'une minute pendant ma résidence chez lui; cependant je le confesse, malgré cette heure tardive, il n'a pu une seule fois me trouver éveillé.

TROISIÈME JOUR

Préparations. — Déjeuner. — Heure de l'office. — L'église. — Ses pertes. — Clocher. — Dalle funéraire. — Souvenir de l'abbé Briche. — Tableau chronologique. — Comparaison. — Dépouilles. — Cloches. — L'office commence. — Procession. — Première station. — Détails sur l'ensemble. — Deuxième station. — Troisième station. — Regret. — Quatrième station. — Cinquième station. — Chaleur du jour. — Sixième et dernière station. — Fin de l'office. — L'après-midi. — Office. — Visiteurs. — Souper et petit tour. — Calvinistes.

Le matin du *Dimanche 6 Juin* fut aussi magnifique que la veille par son soleil brillant. A sept heures et demie j'étais déjà sorti, tout joyeux de respirer l'air pur du pays. Cependant, il y avait du mouvement et de l'animation longtemps auparavant dans le village et au presbytère : on se préparait pour la solennité du jour. Je trouve Flore, la domestique de mon ami, en compagnie de plusieurs autres personnes, mettant la dernière main à un reposoir près l'entrée du cimetière et j'ai le temps d'y joindre moi-même un bouquet de roses cueilli à la hâte dans le jardin.

Mon hôte doit naturellement rester à jeun jusqu'après la messe; mais comme je ne suis pas tenu à semblable obligation, je m'assieds pour déjeuner. Peu après, le temps de l'office approche.

Aujourd'hui, à cause de la procession, on doit commencer à neuf heures, au lieu de commencer à dix. Le remuement va s'augmentant. Des enfants en surplis et soutanes rouges ou noires s'empressent de porter soit des bannettes de feuilles de roses, soit des bouquets de fleurs, ou une foule d'autres accessoires destinés à embellir la fête.

Pendant ce temps, j'ai le loisir d'examiner l'église, qui a

été beaucoup remaniée et restaurée depuis ma première visite. Dans l'origine ce fut un édifice à une seule nef, auquel on ajouta une seconde nef vers le XVIe siècle. Par une conséquence de la bataille d'Arques, (21 septembre 1589) cette dernière nef fut presque ruinée et ce fut seulement en 1651 qu'on se détermina à la supprimer pour ainsi dire totalement. Les piliers et les arcades qui se voient encore dans la muraille attestent l'ancien état des choses. Quant à la partie de cette nef disparue qui avoisine le chœur au sud, elle fut toujours maintenue et forme la chapelle de la Vierge avec la sacristie. Postérieurement à ma visite en 1867, on a trouvé le moyen d'ouvrir dans le bas de la nef trois fenêtres au milieu des arcades autrefois bouchées : ce qui donne au vaisseau un peu plus d'aspect. La petite tour est dominée par une flèche d'ardoises, selon le mauvais goût de ces quartiers. Si l'on en croit les archives du pays, un bon Curé du XVIIe siècle rétablit la tour de Martin-Eglise dans sa *pristine splendeur* ; quoiqu'il en soit, le clocher actuel s'élève à l'extrémité ouest de l'église, où se trouve la porte principale d'un assez bon effet. Quelques traces d'anciennes fenêtres dans la muraille du nord dénotent que le vaisseau primitif pourrait remonter au moins au XIe siècle, avec certaines restaurations du XIIIe ; mais les remaniements sans caractère sont de toutes les époques.

Le plus remarquable objet d'antiquité que contient cette église est une pierre tombale qui, autrefois exposée aux pas des fidèles, devint ensuite une table d'autel et laquelle par les soins du Curé actuel, a été placée dans la muraille ouest, à gauche en entrant. De cette manière, cette curieuse dalle a été mise à l'abri de tout dommage. Ce petit monument a de plus été gravé (avec quelques incorrections je crois) par la générosité du Rév. Edward Goddard, un des amis anglais de mon cher abbé. Sur la pierre est représenté un prêtre, revêtu de ses habits sacerdotaux et à l'entour se lit une inscription destinée à rappeler qu'il fut Curé de la Cité-de-Limes, de laquelle je parlerai plus tard.

A l'autre côté de la porte d'entrée est également une pierre tombale, moins bien conservée que la précédente et d'un moindre intérêt. Dans la muraille du nord de l'église se trouve une inscription rappelant le supplice de l'abbé Briche, une des victimes de la fureur révolutionnaire, dont la mémoire est en bénédiction dans ces parages.

Sur la muraille du sud en face est accroché le tableau chronologique des événements qui intéressent la paroisse avec la liste des Curés : c'est le résultat abrégé des travaux de mon ami. Au reste, il faut que je le dise, ce tableau fut la cause principale des relations qui se sont établies entre nous, ou au moins une heureuse occasion qui nous porta à faire connaissance. Le détail des événements relatés remonte au IXe siècle ; les rapports entre Martin-Eglise et le Chapitre de Rouen, dont cette paroisse dépendit pendant presque dix siècles, fournissent des documents historiques fort reculés sur ce village si retiré. Quant à la liste des Curés elle ne se reporte pas au-delà du XVe siècle. Oserais-je en conclure que les Registres Capitulaires de Rouen ne remontent pas au-delà de cette date? Pour nous, enfants du Devonshire, nous nous glorifions de nos Registres épiscopaux d'Exeter, complets (excepté de 1292 à 1306) depuis l'an 1257 (1). Et ne se trouvera-t-il pas un des nôtres pour fouiller avec fruit les antiquités de notre pays durant cette période?

Si l'église de Martin-Eglise a souffert des injures du temps, elle a trouvé aussi quelque avantage dans les malheurs de ses voisines. Certaines acquisitions ont été faites de fois à autres. Ainsi, le rétable vient de la Visitation du Pollet (2), une des nombreuses communautés supprimées à Dieppe, et une des deux jolies cloches vient de l'église d'Etran, actuel-

(1) Oliver, *Monasticon Diœcesis Exoniensis*, in-f° Exeter, 1846, p. V-VI.

(2) Cette Communauté ayant été supprimée au commencement de la grande Révolution, la paroisse de Martin-Eglise acheta le rétable sculpté dont il est question. Peu d'années après, les églises paroissiales ayant été elles-mêmes fermées, un misérable, étranger au village, parvint à se procurer la clef de l'église de Martin-Eglise et osa mutiler ou briser ces sculptures autrefois remarquables. — On peut lire une description un peu ampoulée de ces anciennes sculptures dans David Asseline, *les Antiquitez et Chroniques de la ville de Dieppe*, t. II, p. 311 et suivantes. *N. D. T.*

lement détruite. Cette cloche, la plus ancienne, est antérieure à la bataille d'Arques ; quant à l'autre, elle est plus récente d'un siècle. Quoique je préfère notre carillon anglais, le son de ces cloches ne laisse pas de frapper agréablement mon oreille en appelant le village à la fête.

Comme neuf heures approchent, mon hôte m'assigne une place dans la chapelle de la Vierge. L'office commence bientôt, le Saint-Sacrement est exposé et après Tierce, puis l'Aspersion, la croix, la bannière, les cierges sont entre les mains de chacun, les thuriféraires prennent leurs places et le dais, porté par quatre paroissiens, est amené devant l'autel.

L'appel a déjà sonné à plusieurs reprises pour annoncer le départ du Dieu trois fois saint (1). Alors, la procession prend sa route lentement et sort de l'église au chant des antiennes et des répons, qui sont enlevés avec un entrain et une facilité que peut seule donner l'habitude prise dès l'enfance. Il pourrait se faire qu'une oreille accoutumée aux chants modernes désirât une mélodie plus à son goût ; mais qu'il me semblait touchant de voir et d'entendre la dévotion de ce peuple sans prétention.

Nous faisons la première station au reposoir dressé près la barrière du cimetière. L'ostensoir est placé au milieu d'une profusion de fleurs, pendant que l'on chante une antienne et que chacun fait acte d'adoration. Après que la bénédiction est donnée à la foule à genoux, la procession reprend sa marche. Mais auparavant, de beaux bouquets, d'abord touchés à l'ostensoir, sont distribués à plusieurs de ceux qui sont auprès, au nombre desquels je me trouve fort heureusement.

De l'entrée du cimetière, je puis voir la rue qui descend et considérer l'ensemble de la procession devant moi. Un nombre d'anciens villageois, les pères de ce hameau, ouvrent la marche avec la bannière ; ensuite vient une longue file d'enfants de chœur et de clercs précédés par la croix accompagnée des cierges ; puis s'avancent sept ou huit chantres revêtus de chapes. Immédiatement devant le dais, des en-

(1) La grande procession se fait actuellement après les Complies. *N. D. T.*

fants portent la lanterne, des paniers de fleurs et des encensoirs. De temps en temps ces derniers se retournent vers la Sainte Hostie et, après avoir fléchi le genou, ils lancent leurs encensoirs, pendant que les autres jettent en l'air des feuilles de roses pour couvrir le chemin où doit passer le Saint des Saints. Après le Pontife de la fête, vient une longue suite de peuple destiné à lui rendre hommage.

Involontairement, je suis porté à repasser dans mon esprit le tableau que fait l'Evangile du trajet de N. S. par les champs au jour du Sabbat. Au moins, efforçons-nous par nos faibles moyens, de rendre hommage à ce Jésus de Nazareth comme au grand Dieu des armées.

A l'espace étendu que forme la rue qui tourne vers le chemin d'Arques, était placé le second reposoir. Et ici, les glaïeuls, les joncs et les fleurs avaient été étendus sur le sol de manière à former des dessins ; par un pieux zèle des paroissiens de ce quartier, les maisons avaient été dégarnies de leurs ornements et de leurs tableaux qu'on voyait attachés autour de l'autel improvisé. Un petit groupe se tenait tout près comme pour nous attendre ; mais pour nous, nos rangs se conservaient exactement afin de reprendre le chemin de la procession : ce qui se pratiquait à chacune des stations.

Après la bénédiction donnée comme de coutume, nous gagnâmes en bon ordre le troisième reposoir. Là je remarquai qu'immédiatement après le départ du Saint-Sacrement, les mères apportaient leurs petits enfants, pour leur faire baiser le lieu où avait été déposé l'ostensoir. L'ombrage des arbres sous lesquels nous nous trouvons alors donne à la procession une mystérieuse solennité et, le chant qui n'a pas discontinué jusqu'alors, semble s'élever et devenir plus fort. Une pensée de regret vient alors se mêler dans mon esprit à la joie que me procure cette fête. Je ne puis m'empêcher de penser qu'en Angleterre, depuis trois siècles, ces pieuses cérémonies extérieures sont proscrites et remplacées, le croirait-on, par le spectacle de fêtes populaires insignifiantes (1). C'est

(1) Il y a dans le texte anglais : « *And replaced forsooth by the unmeaning show of an Odd Fellows' or Foresters' Feast.* »

pourtant une consolation d'apprendre que çà et là dans notre pays, l'ancienne coutume semble revivre et qu'ainsi N. S. a quelquefois trouvé passage dans les avenues et les parcs d'Angleterre.

Nous ne tardons pas à atteindre la direction qui conduit à Arques ; mais au lieu de continuer comme nous fîmes hier soir, la procession tourne tout-à-coup sur la gauche. Ce fut pour moi une surprise. L'entrée où nous pénétrons est une rangée d'arbres dont les branches supérieures se rejoignent pour faire le berceau. Au fond est placé un reposoir occupant toute la largeur et terminant ainsi le coup-d'œil. L'autel et ses accessoires brillent éclatants d'un grand nombre de lumières. C'est charmant. La bénédiction étant donnée, le *Lauda Sion* est repris jusqu'à ce que nous atteignions la cinquième et dernière station, avant de revenir à celle du cimetière.

Parmi les habitants de ces chaumières, je fis attention à une pauvre vieille femme pliée par l'âge et les infirmités. Qu'il m'était sensible de voir ses vains efforts pour se prosterner en présence de la Sainte Hostie. Justement au-dessus du reposoir se trouvait un petit oiseau dans sa cage, qui semblait entrer dans l'esprit de la fête en gazouillant de tout son cœur.

Le soleil dardait sur nous ses rayons avec l'ardeur d'un brûlant jour d'été ; cependant, qu'était-ce pour moi en comparaison de ceux qui portaient des chapes si pesantes ! Néanmoins la partie la plus fatiguante de la journée était à peu près passée.

Après avoir fait encore une station au premier des reposoirs, nous fîmes notre rentrée dans l'église au son triomphant des cloches. Il y eut une autre station à l'entrée du chœur, durant laquelle se chantèrent de nouveau plusieurs pièces que je ne parvins point à trouver dans mon livre.

Enfin, le Saint-Sacrement étant porté à l'autel, il y resta exposé jusqu'à la fin de tout l'office. La grand'messe fut célébrée en sa présence et mon ami prêcha sur la solennité du jour. Vint le chant de Sexte ; puis, la Sainte Hostie ayant été renfermée dans le tabernacle et l'*Angelus* étant récité, les devoirs de la matinée furent accomplis.

Revenant au presbytère nous ne tardâmes pas à dîner. Après notre repas, comme M. le Curé devait retourner à l'église pour mettre plusieurs choses en ordre, je m'occupai à lire son récit d'un voyage qu'il fit en Angleterre lors de l'Exposition de 1862. C'était le deuxième de ses voyages en notre pays. Et pendant mon séjour à Martin-Eglise, j'ai eu aussi l'agrément de parcourir son premier voyage en Angleterre et ses excursions à Rheims, à Paris et en Basse-Normandie.

Quand l'heure de None et de Vêpres vint à approcher, je m'employai pour ma part à effeuiller des roses pour la procession de l'après-midi, qui se fait à la suite de Complies, Cette procession a lieu seulement autour du cimetière, comme celle où j'assistai deux ans auparavant à la fête patronale de Saint-Martin. Vêpres, complies et la procession du salut accomplirent donc l'office entier de la journée.

Nous ne fûmes pas longtemps à revenir au presbytère. Alors deux demoiselles anglaises se présentèrent, l'une desquelles était Miss Oliver, la propre nièce du docteur Oliver. Ce savant homme fut pendant quarante ans le prêtre catholique résident d'Exeter, où il occupa le premier rang parmi nos antiquaires du Devonshire. L'abbé Malais a fait savoir à Mlle Oliver combien je serais désireux de recueillir quelques détails sur la vie de son oncle : elle apporte en conséquence la copie de plusieurs notices conservées entre ses mains. Je puis alors remercier moi-même cette personne pour la peine qu'elle a prise de m'être agréable.

Le reste de l'après-midi se passa en conversation et quand enfin ces dames, mes compatriotes, nous laissèrent, il était temps de souper et de faire un tour avant de se mettre au lit. Passant donc bientôt à travers un champ de blé, situé au levant par rapport à l'église, nous voici en quelques minutes sur le grand chemin, justement en face du carrefour, vers lequel s'élevait ce matin le second reposoir. Nous continuons notre promenade sur cette route qui s'étend agréablement du côté d'Ancourt, jusqu'à ce que nous gagnions une ferme d'antique apparence, laquelle, si je m'en souviens bien, porte encore le nom d'une famille marquante autrefois dans ce voisinage (1). Le chef de cette petite maison seigneuriale fut, au XVIe siècle, un des principaux soutiens de la prétendue réforme dans les environs de Dieppe. Un des plus anciens prêches de ces quartiers fut en conséquence établi dans cette même maison. Revenant sur nos pas nous reprîmes tout naturellement notre genre de conversation liturgico-historique qui nous va si bien. Puis la prière du soir étant dite, chacun gagna sa chambre à coucher.

(1) Le nom de cette ferme est *Palcheul*, qu'on a écrit quelquefois *Pallecheul*, *Palchœuil*, *Palcheux* et même *Palscuil*. C'est dans cette maison que se réunissaient les Calvinistes de Dieppe et des environs, pendant les années 1577 à 1585. *N. D. T.*

QUATRIÈME JOUR

Fleurs à discrétion. — Déjeuner. — Promenade. — Thibermont. — Point de vue. — Chapelle de Saint-Léonard. — Surprise agréable. — Repos et ombrage. — Les heures. — Le plateau. — Villages. — Grèges. — Rafraîchissement. — Les villageois. — Famille d'Anjou. — Maison de campagne. — Une réclame. — Vieille maison. — Un vallon. — Souvenir. — Sauchay-le-Haut. — Ses anciens seigneurs. — Visite et bonne réception. — L'église. — Avenues. — Autre point de vue. — Eglise de Sauchay-le-Bas. — Ancienne crypte. — Eglise d'Ancourt. — Vitraux peints. — En retard. — A la maison.

Le *lundi 7 juin*, je fus appelé à l'heure; puis, après ma toilette et mon café au lait, je me trouvai prêt à huit heures pour la messe basse qui se célèbre pendant la semaine dans la chapelle de la Vierge. Après la messe, je me mets à jouir du privilége que mon cher ami n'a pas tardé de m'accorder. Les fleurs du jardin avaient été mises entièrement à ma disposition ; ainsi, matin et soir pendant mon séjour, je ne manquai pas de composer à mon gré d'énormes bouquets pour garnir les appartements du presbytère. C'est une occupation que j'ai toujours affectionnée, surtout parce qu'elle me remet en mémoire les heureux jours de mon enfance quand j'avais encore ma mère. En même temps, la bibliothèque curiale m'était sans cesse ouverte, afin de varier mes goûts comme je l'entendais.

Vers dix heures, M. le Curé, tout-à-fait libre, fit servir le déjeuner ; ensuite on s'empressa de se préparer à une promenade. Auparavant, un des tomes de la petite édition du bréviaire de Rouen fut confié à mes soins et on y joignit le volume des *Eglises de l'Arrondissement de Dieppe*, par M. Cochet : ce dernier relatif à la contrée que nous allions parcourir.

Prenant notre route par le chemin qui passe derrière le chœur de l'église, nous tournons après quelque distance sur la gauche pour monter la colline qui conduit à Thibermont, c'est-à-dire *Tiberii mons* (1). Les restes romains considérables que les fouilles pratiquées en ce siècle ont mis à jour dans ce voisinage, rendent cette interprétation plus que probable. En passant le long des champs de blé qui bordent ces coteaux, je ne puis m'empêcher de remarquer, comme je l'ai fait souvent ensuite, combien les pièces de froment de toutes sortes sont plus étendues en Normandie qu'en Angleterre.

Nous sommes rendus enfin sur le haut du plateau, où l'ombrage des arbres nous arrive bien à propos. La vue, ici comme de tous les coteaux environnants, est charmante. En bas, les vallées s'étendent en se dirigeant vers la mer, et sur la gauche la plaine qui gagne la Picardie se voit à peine, perdue qu'elle est à distance dans un ciel bleuâtre. Vis-à-vis, la forêt d'Arques couronne un rang de collines, dont les flancs sont aussi recouverts de gracieux festons de verdure. Assurément, le bois ne manque pas dans ce pays, à travers lequel le vent semble trouver un passage difficile au milieu d'arbres si nombreux. Les villages qu'annoncent leurs flèches d'ardoises toutes semblables, complètent le point de vue que nous admirons.

Nous passons donc quelques moments à contempler la beauté de ce site ; puis, nous avançant un peu dans l'intérieur du hameau, nous longeons un vieux bâtiment ruiné qui se voit sur la gauche. A son apparence, j'aurais supposé que c'étaient les restes d'une grange, mais mon ami me fait savoir qu'en ce lieu, au haut d'un vallon qui descend jusqu'à la route de Dieppe, fut une chapelle de Saint-Léonard,

(1) On a écrit *Tibermont* jusqu'au courant du siècle dernier : ce qui paraît plus conforme à l'étymologie. Une famille nommée Le Cauchois de *Tibermont* se trouvait à Arques vers la fin du XVIIe siècle. — Voir les *Mémoires* du Calviniste Dumont de Bostaquet, publiés en 1864 par Ch. Read et Fr. Waddington. *N. D. T.*

pélerinage très-fréquenté dans les temps anciens (1). Pour ces vestiges désolés et à l'abandon, ils seront bientôt livrés à l'oubli.

Encore quelques pas nous conduisent à un joli château. C'est la demeure du maire de Martin-Eglise, M. le baron de Verton (2). Mon ami me mène à travers cette propriété jusqu'à une belle ouverture pratiquée au milieu des arbres et si bien disposée que le château d'Arques se voit au loin comme sur un tableau. Bien qu'à plusieurs milles de distance, il semblerait qu'on peut l'atteindre facilement en laissant le château de Thibermont.

Un sentier que nous prenons à gauche nous conduit dans un bocage mystérieux, lieu de notre destination première. C'est un espace de quarante pieds de diamètre, planté tout autour d'arbres touffus, dont les branches s'entrelacent si bien qu'un rayon de soleil y pénètre à peine. Là, au milieu de cet épais feuillage, nous pouvons défier même les chaleurs de cette journée de juin. Nous asseyant sur les bancs de gazon élevés sous ce dôme de verdure, nous lisons d'abord le passage de l'abbé Cochet sur Martin-Eglise et sur une ou deux paroisses supprimées dans le voisinage.

Alors, comme il est midi, l'abbé atteint son bréviaire et moi le mien pour réciter ensemble l'office de Sexte. Durant le reste de mon séjour, nous avons toujours dit simultanément, sans y manquer, Sexte, None, Vêpres et Complies. Ayant donc terminé Sexte, nous allâmes visiter, d'un autre côté, une nouvelle enceinte champêtre ; puis, je m'excusai d'entrer dans le château, comme mon aimable compagnon me le proposait.

Nous laissons la propriété par une autre issue et nous

(1) Ce pélerinage, transféré d'abord dans l'église d'Etran, fut, après la destruction de cette église, fixé dans celle de Martin-Eglise, où il a lieu chaque année au jour de la Sainte-Trinité. *N. D. T.*

(2) Une sœur de M. de Verton est décédée religieuse à Norwood, près Londres, le 9 décembre 1856, sous le nom de Mme Saint-Etienne. — M. le baron René-Auguste-Albert de Verton est décédé lui-même en son château, le 2 février 1872. *N. D. T.*

gagnons la plaine qui s'étend à plusieurs milles le long de la côte. Cette plaine semble particulièrement destinée à la culture des céréales. On n'y voit pas de hameaux; mais, çà et là, sont dispersés au loin d'immenses assemblages d'arbres, au milieu desquels, je l'ai reconnu, les villages sont bâtis comme enfermés et parfaitement entourés.

Pendant que nous faisons route vers Grèges, village le plus rapproché, je trouve le moment de m'informer où en est la restauration des Prémontrés en France; ensuite, nous passons à l'état des maisons religieuses avant la grande Révolution et j'apprends alors que, parmi les nombreux bréviaires possédés par mon ami, est celui de Dom Blandin, le dernier des moines qui aient survécu à la vieille et glorieuse abbaye de Fécamp (1).

Etant arrivés aux arbres de Grèges, je lis à haute voix ce qui concerne ce village dans l'abbé Cochet et aussitôt nous nous dirigeons sur l'église. Il y a une quinzaine d'années, l'abbé Malais desservait ce village avec le sien, mais, actuellement Grèges est assigné à un autre prêtre voisin. Après quelque petit embarras, nous obtenons la clef de l'église. C'est un édifice sans caractère architectural, dont le chœur me paraît en proportion assez grand. Autour de la maison d'école située auprès, se trouvaient plusieurs flaneurs et peut-être quelques amateurs de politique; mais, quoique ce fût un jour d'élection, le village était tranquille et ne donnait pas le moindre signe d'excitation.

L'abbé me conduisit alors à une chaumière près de là, où de braves gens nous offrirent un grand bol de lait sortant de la vache, breuvage que j'aime beaucoup.

Durant mon court séjour en Normandie, je n'ai pas eu de peine à remarquer que, malgré l'apparence chétive des habitations villageoises de la classe médiocre, tant au dehors qu'à l'intérieur, les campagnards semblent néanmoins plus aisés que les nôtres de la même condition. Par exemple, cette chaumière de Grèges, qui, sans doute, eût été dédaignée même par un laboureur de Dorsetshire, à cause de sa médio-

(1) *Magasin Normand*, 5e année, 1867, p. 20, 83, 99.

crité et de sa petitesse, avait pour habitant, comme je l'ai appris par la conversation, un homme possédant quatre ou cinq vaches et faisant valoir quinze acres de terre. A le bien prendre, cet homme était son maître. Je remarquai qu'un seul couteau, ordinairement un grand couteau fermant, paraissait suffire pour toute la famille. En général, toutes les classes et non pas seulement les pauvres, semblent montrer moins d'apparence et d'éclat qu'en Angleterre, mais elles possèdent une plus réelle et plus véritable aisance (1).

Le fermier chez lequel nous sommes tient sa maison de la famille d'Anjou. Cette famille, il paraît bien, descend en ligne *légitimée* du Roi Réné d'Anjou, comte de Provence, arrière-petit-fils du Roi Jean et père de la célèbre Marguerite d'Anjou, épouse de notre Roi Henri VI (2). MM. d'Anjou possèdent entre leurs mains toutes les preuves de cette origine ; mais sagement, je crois, ils n'y attachent point trop d'importance.

Avant de laisser Grèges, mon abbé me mène dans la direction d'un château dont j'ai oublié le nom. Le propriétaire en ces derniers temps fut M. Le Prince, un ami de mon hôte. J'eus la chance de rencontrer son fils peu de jours après et je sus que ce château a été donné en dot à sa sœur, épouse de M. d'Irville, qui a préféré vivre à Rouen. Cette belle habitation récemment louée, en conséquence, nous fut ouverte aisément et nous pûmes en parcourir les dépendances qui sont assez étendues. Des hommes étaient occupés à mettre tout en ordre pour le nouveau locataire ; car, assurément, l'ensemble paraissait avoir été quelque peu négligé.

En passant par la maison pour sortir, un petit homme

(1) A propos de l'étude qui a été faite des classes inférieures, j'ai vu avec plaisir dans le rapport récemment publié par M. West sur les fermiers en France, que mon idée n'est pas une pure imagination, ni une conclusion prise à la hâte ; mais que la France peut être favorablement comparée en ce point avec notre pays.

(2) *Dict. hist.*, articles : *Réné*, comte d'Anjou et de Provence ; *Henri VI*, 15e roi d'Angleterre. — *Hist. pittoresque de l'Angleterre*, t. II, p. 267 et suiv. — *Magasin pittoresque*, 1839, p. 23. *N. D. T.*

d'un âge avancé se présenta comme un vieux et bien vieux serviteur, depuis quarante ans dans ce logis ; il se disait certain d'être congédié par le nouveau venu, après un si long service en cette demeure ! Est-ce que M. le Curé, demandait-il, voudrait bien intercéder en sa faveur pour qu'il fût maintenu dans son poste ?

Ce brave homme un peu rassuré par une bonne promesse, nous laissons le château et, sous les arbres voisins, nous récitons l'office de None. Mais il faut que j'abrège : nous gagnons un hameau du nom de Coqueréaumont, où les arbres enferment toutes les habitations. Là nous considérâmes une vieille maison du XVIIe siècle, dont les grandes cheminées étaient bien dignes de remarque. Nous vîmes non-seulement celle de l'immense cuisine, mais celle d'en haut, dans des appartements à l'usage de greniers. Ici nous prîmes quelque rafraîchissement dont nous avions grand besoin.

Nous commençons alors à descendre du plateau et à peu près au milieu de la pente, nous nous asseyons pour dire Vêpres ; après lesquelles je lus tout haut ce que dit l'abbé Cochet sur Ancourt, village que nous traverserons en rentrant à la maison. Le vallon dans lequel nous descendons n'est pas la vallée de l'Eaulne, à laquelle il se dirige ; ce vallon, beaucoup plus étroit, tourne quelque peu en montant dans la direction de la mer.

La colline opposée où nous nous dirigeons est aussi bien couverte de bois que la vallée principale. Aussitôt que nous atteignons ces beaux arbres, le chemin me remet en mémoire nos routes charmantes du Devonshire. Des troncs couverts de feuillage s'élèvent à chaque côté de la voie encaissée, tandis que la mousse s'étale avec bonheur, favorisée qu'elle est par l'humidité et par l'ombre.

Ce chemin finit par nous conduire à une imposante avenue qui mène au château de Sauchay-le-Haut. Les seigneurs de ce lieu furent au moyen-âge de grands personnages sur une petite échelle. Bouteillers ou connétables des comtes d'Eu, ils ne paraissent avoir oublié aucunement, même au siècle dernier, leur ancien renom, s'il en faut croire les titres pompeux qu'ils s'attribuaient.

Avant d'aller plus loin, je lis l'article de l'abbé Cochet sur ce Sauchay-le-Haut, que nous appellerions *Upper*-Sauchay. Quelques pas nous mettent devant la petite église. Comme partout, les fleurs et les feuillages qui ont couvert le chemin, témoignent de la procession faite la veille.

M. le Curé prend occasion, pendant qu'il est en ce village; de rendre une visite au docteur Wiotte (1), avec lequel il est en relations et qui d'ordinaire garde la clef de l'église. Nous voulons voir ensemble cet humble monument. A la porte du docteur, nous fûmes salués par les hurlements et les cris de chiens grands et petits, car M. Wiotte est particulièrement amateur de la chasse. On nous conduisit près du maître de la maison, en ce moment dans son cabinet intime, non loin duquel je crus voir une bibliothèque bien garnie. Après quelques minutes de conversation, mon abbé ne tarda pas à se lever, à cause du soir qui s'avançait ; il refusa aussi toutes les offres de rafraîchissement qui lui furent faites, prétextant ce que nous avions déjà pris.

Nous sommes donc conduits par M. Wiotte et son jeune cousin à l'église, au portail de laquelle on a construit un porche en bois de mauvais goût. Le petit édifice dans lequel nous entrons a été restauré par les soins particuliers de la famille de notre guide ; cette même famille continue à tenir tout en bon ordre. L'autel, assez ancien, me semble le seul objet digne de remarque. Sur une des murailles, j'observai une singulière représentation de l'histoire de Saint Hubert (2). J'ignore comment le docteur a pu laisser une telle sculpture parmi les ornements de cette petite église champêtre. Dans le cimetière, nous vîmes l'ancienne croix qui a été restaurée, c'est-à-dire que la base est du vieux temps et la croix proprement dite un ouvrage récent.

Nous laissons alors M. Wiotte ; mais son cousin nous accompagne plus loin, jusque près du château, bâtiment im-

(1) Le docteur Auguste-Constant Wiotte est mort chez lui le 3 décembre 1873. *N. D. T.*

(1) Voir les remarques de Paquot, dans son édition de Molanus : *Historia SS. Imaginum*, in-4o Lovanii, 1771, p. 375.

posant situé à peu de distance de la demeure du docteur. Devant cette belle habitation, en face de la grille, se voient des arbres majestueux, au milieu desquels on a tracé cinq avenues partant d'un centre commun, à la façon de la fin du XVIIe siècle.

A l'extrémité de l'avenue centrale, nous arrivons au bord du coteau ; et de là nous pouvons planer sur toute l'étendue de la vallée de l'Eaulne. La vue me sembla même plus belle que celle que nous avions admirée le matin, et nous ne pûmes résister à la tentation de nous asseoir quelques moments pour jouir de ce coup-d'œil magnifique.

Immédiatement à nos pieds se voyait l'église de Sauchay-le-Bas, vers laquelle nous ne tardâmes pas à descendre par un chemin assez rapide. Pendant que nous attendions après laclef, nous nous mîmes à examiner l'extérieur de ce bâtiment religieux qui, quoique petit, semble avoir été bien soigné dans son temps. Mais actuellement les sculptures représentant des fleurs et des animaux à la porte occidentale et aussi ailleurs, sont malheureusement fort endommagées ; la destruction et le ravage des siècles ne s'étend pas seulement au dehors, l'intérieur porte lui aussi des marques trop évidentes du même traitement. On semble pourtant avoir fait des efforts pour arriver à une restauration. Sous le chœur est une crypte du XIe siècle, dont l'entrée se trouve par une trappe au haut de la nef. L'air de cette crypte étant glacial et pénétrant, nous nous hâtâmes de la laisser.

Ayant rendu la clef au gardien, nous tournâmes nos pas du côté de notre demeure, non point par la grande route, mais par un chemin ombragé qui nous conduisit à Ancourt après vingt minutes environ. Ce village n'est pas très-important ; cependant son église est spacieuse et semble avoir échappé miraculeusement à la dévastation. Elle est d'un gothique du dernier âge qui plaît à l'œil, offrant une nef principale accompagnée de deux bas-côtés.

Mais la gloire du lieu, ce sont les vitres peintes remontant au XVIe siècle, dont surtout trois se font remarquer dans le sanctuaire et trois dans la chapelle du sud. Tout y est parfaitement intact, bien conservé ou bien restauré. Les cou-

5

leurs en sont aussi riches et aussi brillantes qu'on peut le désirer. C'est une bonne fortune exceptionnelle que la préservation de ces précieuses reliques du temps passé.

L'église, aussi, il faut l'admettre, n'est pas indigne de cette décoration et l'ordre admirable dans lequel tout est tenu parle hautement en faveur du Curé qui remplit si bien cette partie de son devoir, ce dont j'ai pu le féliciter le mercredi suivant. Je ne dirai rien des restaurations récentes et de certaines décorations, qui m'ont paru de bon goût, autant que j'ai pu voir.

C'était donc avec regret que je laissais cette église, mais l'heure avancée ne nous permettait pas de tarder davantage. Il avait été dit que nous dînerions à sept heures ; cependant sept heures étaient passées depuis longtemps. Nous reprîmes donc notre route en toute hâte, d'autant plus que nous commencions à sentir fortement les assauts de la faim. Heureusement, Martin-Eglise n'était pas éloigné ; néanmoins, nous n'arrivâmes qu'à huit heures au presbytère.

Nous y trouvâmes la bonne déplorant le sort de son dîner ; et c'était peine inutile puisque nous le trouvâmes excellent. Je dirais difficilement lesquels furent les mieux venus, ou de l'eau rafraîchissante qui précéda le repas, ou des mets qui suivirent le rafraîchissement ; assurément, j'eus pour agréable aussi bien le dîner que l'eau fraîche et je ne ménageai ni l'un ni l'autre. Après le dîner vint l'immanquable sortie du soir. Pour cette fois, ce fut la route d'Arques qui eut la préférence. A notre retour au presbytère, nous récitâmes la prière du soir et ensuite vint le repos.

CINQUIÈME JOUR.

Grèges encore. — Vieille inscription. — Bracquemont. — Cité de Limes. — Mgr Robin. — L'église. — Chez soi. — Belleville. — Longévité. — Souvenirs de la Révolution. — Thérèse. — Jours de péril. — Une relique. — L'église. — Notre guide. — Intérieur. — Sacristie. — Faïence de Rouen. — Un présent. — La place du village. — Petite réfection. — Adieu. — Cloche de Saint-Martin. — Retour. — Visiteurs. — Au lit.

Le matin suivant, *Mardi 8 Juin*, notre déjeuner fut interrompu par la visite d'un Curé du voisinage, M. Lecoupeur, anglais d'origine, qui cependant ne descendit point de sa voiture (1). Aussitôt après, nous nous mîmes en route pour une nouvelle excursion.

Au lieu de monter vers Thibermont, nous continuâmes le chemin qui conduit à Grèges, mais ce fut par un vallon entre deux collines. En causant ensemble, nous ne tardâmes pas à atteindre la plaine où se trouve le village.

Pour cette fois, nous nous arrêtâmes à une ancienne maison du côté opposé à l'église, afin d'examiner une inscription du courant du XVe siècle, qui se lit dans la cave. Les personnes de la maison ne firent aucune difficulté et nous donnèrent de la lumière. Après quelque temps et un peu d'embarras, nous découvrîmes et nous déchiffrâmes ce tracé gothique, qui signifie que cette cave a été construite par les soins d'un vicaire perpétuel ; on y trouve la date et le fondateur conclut en enjoignant au lecteur de « prier Dieu pour son âme. » Requête un peu naïve, quand on considère que l'inscription

(1) L'abbé Charles-Constant Lecoupeur, qui avait francisé son nom en se faisant catholique, est décédé curé de Martigny le 26 novembre 1870. *N. D. T.*

est placée dans un coin de la cave, sous terre, loin de la lumière du jour (1).

Notre examen terminé, nous continuâmes notre route et je pris alors occasion de faire quelques questions relativement à Dom Guéranger, ainsi qu'à la polémique rattachée à ses *Institutions liturgiques*. En gagnant Bracquemont, village tout voisin que nous devons traverser, nous nous asseyons sur un tertre de gazon longeant le chemin qui tend vers l'église, mettant aussitôt l'abbé Cochet en réquisition.

A peu de distance d'ici est la Cité-de-Limes, ancienne station romaine d'une étendue considérable, dont le sol a été fouillé en ce siècle sous la direction de M. Feret. C'est un Curé de la Cité-de-Limes que rappelle la tombe en pierre sculptée qu'on voit à Martin-Eglise. Cette pierre funéraire a exercé outre mesure les antiquaires du siècle dernier. La Cité-de-Limes mentionnée sur cette inscription ne pouvant s'appliquer à aucune localité connue dans ce voisinage, il me paraît fort croyable que le titulaire en question fut un Curé de Bracquemont. Il est donc à supposer que depuis plusieurs siècles le nom de Limes a cessé d'être en usage général (2), qu'il survit ici seulement parmi le peuple et que l'inscription de Martin-Eglise lui sert de base.

Je ne veux pas oublier en passant que cette paroisse de Bracquemont a donné naissance à Mgr Robin, un des derniers évêques de Bayeux, lequel a été autrefois le curé de mon ami.

Après avoir lu l'article de l'abbé Cochet sur Bracquemont, j'écoute les remarques supplémentaires de mon compagnon : ce qui me met à même de visiter l'église avec fruit. C'est un vieux bâtiment, d'une construction qui paraît fatiguée par les injures du temps, auquel il semble fort exposé. Ayant

(1) Voici cette inscription : « M. CCCC. IIII^{xx} VIJ au mois de Juing, J. Asselin, vc. p. et cure fit faire ceste cave, prs. Dieu pour luy. » — Ces lettres vc. p. signifient *vicaire perpétuel*, titre sous lequel le Chapitre de Rouen désignait les Curés de son Exemption. Ce titre encore connu en Angleterre s'indique par ces deux lettres : P. C. *perpetual curate*. *N. D. T.*

(2) On dit actuellement : *Cité-de-Limes* ou *Camp-de-César*. *N. D. T.*

bientôt rendu la clef à un des petits bambins de l'école, située tout auprès, nous commençons à pénétrer à travers les rues du village.

Ici, l'abbé Malais me fait remarquer l'ancienne coutume, toujours observée en ces quartiers, de s'enfermer dans ses habitations. Chaque maison est séparée de l'autre ; les bâtiments s'élèvent autour d'une cour centrale et toutes les dépendances sont comprises dans cet enclos. Aucune fenêtre ne se fait voir au dehors. La seule ouverture que présentent les murailles est la porte-cochère qui donne entrée d'un seul côté. Quand cette porte est fermée, on est assurément chez soi. En quelques maisons cependant l'innovation se fait remarquer ; des fenêtres rares et petites pour la plupart, ont été percées à travers les murs extérieurs et bientôt ce système d'intimité et d'exclusion s'en ira tout doucement.

Notre prochaine station nous amenait à Belleville, où nous devions voir une antique célébrité locale, qui se nomme Thérèse (1). Il est tout-à-fait remarquable de rencontrer dans ce pays nombre de villageois d'un âge avancé. Il leur semble fort ordinaire, à ce qu'il paraît, qu'à cinquante ans ils aient encore leur père ou leur mère, leur oncle ou leur tante. C'est ainsi, sans doute, que tend à se conserver la mémoire de la grande Révolution, toujours si vivace partout. Les petits enfants peuvent donc s'asseoir aux pieds de leurs grand'mères et entendre de leur bouche le récit des horreurs qu'elles et

(1) Je tiens à consigner, à propos de cette bonne fille, une particularité concernant son frère, le capitaine J.-B. Frechon. Ce marin, plus jeune de quelques années que Thérèse et qui fut baptisé en cachette par l'abbé Briche, m'a rapporté qu'au milieu d'une tempête, le 19 octobre 1838, il fit un vœu en se recommandant à Dieu et à la protection de la Sainte Vierge. Puis il lui vint dans la pensée de jeter de l'huile dans la mer, selon une coutume ancienne. Bientôt, le calme se fit peu à peu. Faut-il voir en ce cas une cause physique ou une cause surnaturelle ? Dans la vie de saint Germain d'Auxerre, on trouve qu'il jeta de l'huile dans la mer pour apaiser une tempête, lorsqu'il se rendait dans la Grande-Bretagne. — On cite parmi les œuvres de l'ex-jésuite Feller, un opuscule ayant pour titre : *Observations sur les rapports physiques de l'huile avec les flots de la mer*. 1778, in-8°. *N. D. T.*

leurs familles ont traversées. Le souvenir de ces tristes jours est très-fréquent et ce n'est pas l'époque dont on parle avec le moins d'intérêt. Il est peu de personnes qui ne vous rappellent le nom de quelqu'un de connaisance qui aura été persécuté ou arrêté pour avoir caché un prêtre, ou entendu la Messe, ou bien pour avoir été taxé d'aristocrate.

Après quelques petits délais, tant ces habitations sans fenêtres extérieures se ressemblent, nous trouvons la maison où demeure Thérèse. Ce n'est pas dans le principal bâtiment, vis-à-vis la grande porte, mais dans une simple chambre sur la gauche, car une seule pièce lui suffit. Quoique courant vers les quatre-vingt-dix ans, ayant des neveux et des petits-neveux en bon nombre prêts à fournir à ses besoins, cette fille patriarcale préfère toujours vivre de ses ressources et on me dit qu'elle ne manquait de rien. Sa petite maisonnette dans laquelle nous entrâmes était littéralement encombrée d'un tas de meubles et de toutes sortes d'objets. Ensuite des salutations de convenance, la conversation tomba bientôt sur le sujet de la Révolution.

Dans cette chambre même la Messe fut célébrée pendant l'époque où le Clergé avec les fonctions sacrées qu'il exerce étaient proscrits. En même temps que l'abbé Briche, une demi-douzaine d'autres prêtres étaient restés dans cette contrée, au péril de leur vie, cachés ordinairement sous l'habit de colporteurs. Quand s'offrait l'occasion, ils apportaient en secret les consolations de la Religion au pauvre peuple d'alentour. Un signe de reconnaissance était alors donné ou un gage quelconque présenté par chacun, pour constater l'identité d'un prêtre ou d'une personne sûre (1). La bonne vieille Thérèse se souvient toujours bien de la disposition de sa chambre quand on y célébra la Messe. Vis-à-vis de la porte était le petit autel ; elle-même trouva sa place dans le coin de la cheminée.

Sous les solives de cette chambrette fut aussi cachée pen-

(1) L'abbé Malais possède encore un de ces gages de reconnaissance que j'ai pu voir à Martin-Eglise. C'est la silhouette de Louis XVI. — Voir : *Magasin pittoresque*, 1862, p. 205.

dant plusieurs années, une copie de la lettre écrite d'Angleterre à son troupeau, par l'abbé Châtel, curé de Belleville, durant la persécution. Cette copie que Thérèse conserva avec tant de soin et non sans quelque danger, était le seul exemplaire qui restât de la lettre pastorale : grâce aux soins de mon bon ami, cette admirable pièce a été mise à l'abri de la destruction (1).

Après quelques moments de conversation, nous nous rendons à l'église, pendant qu'un neveu de Thérèse nous prépare un rafraîchissement chez lui. La respectable fille est elle-même notre guide. Elle me paraît exercer les fonctions de gardienne du saint lieu. Quoique fort âgée, elle peut encore marcher fermement sans bâton ni soutien. Pendant la vacance de la cure de Belleville, qui devait être pourvue quelque temps après ma visite, cette chrétienne courageuse a souvent fait deux milles à pied, pour assister le dimanche aux vêpres du village voisin. Actuellement, elle se réjouit dans l'espérance d'être bientôt délivrée de cette fatigue à propos de l'office du soir.

Au bout de la rue se trouve la place du village, sur un côté de laquelle est l'église, et sur l'autre côté se voit une grande enceinte close de hautes murailles. Cette propriété actuellement changée d'aspect, fut autrefois le manoir seigneurial de la famille de Belleville. Il ne reste plus de traces du château habité par les seigneurs pendant plusieurs siècles. Cependant, cette famille subsiste toujours dans le voisinage, car nous avons passé devant sa demeure le soir précédent sur la route d'Ancourt à Martin-Eglise. Mais bien que n'habitant plus le village dont ils portent le nom, les de Belleville ont toujours conservé leur sépulture en ce lieu.

L'église que nous visitons semble avoir eu trois nefs autrefois ; les colonnes anciennes ont été incorporées aux murailles actuelles, dans lesquelles se voient aussi les traces des arcades. L'intérieur du vaisseau, sans être remarquable ni beau, intéresse pourtant ; et au côté nord du chœur se

(1) Elle a été imprimée avec une Notice préliminaire dans : *Calendrier Normand et Analectes*, p. 137 et suiv.

voit toujours la chapelle seigneuriale. Le tout est bien tenu, dans un grand état de propreté.

Avant de sortir, nous sommes conduits dans la sacristie qui possède une chasuble antique assez digne d'attention. Le fond est de velours rouge, la croix contient une suite de figures brodées à la gothique ; quoique certaines parties de ce travail aient souffert, l'ensemble est assez bien conservé. Là également se trouvent quelques petits vases et autres pièces en faïence de Rouen. Deux des vases en forme de burettes, ont servi pour cet usage à l'autel : ils attirent donc mon attention particulière, ce qui conduit Thérèse, leur ancienne propriétaire, à me les offrir. Je ne manque pas de les accepter avec joie en témoignant ma vive reconnaissance.

Un coup-d'œil étant jeté sur une curieuse pièce de vieux métal à usage de bénitier contre la porte de la sacristie : nous laissons l'église et, pendant que Thérèse va devant pour s'assurer si tout est prêt à nous recevoir, l'abbé mon ami me mène au presbytère qu'on met en ordre avec le jardin, en attendant le nouveau Curé.

Thérèse nous ayant bientôt rejoint, elle nous montre en passant sur la place du village, l'endroit où fut planté naguère l'arbre de la liberté. Elle nous dit comment, étant enfant, elle et ses compagnes se voyaient obligées par les terroristes, de venir jouer ici, en habits de fête, pour célébrer ce nouveau Gouvernement que leurs parents craignaient et détestaient.

Arrivés à la demeure champêtre où nous sommes conduits, nous trouvons que ces braves gens ont atteint leur meilleur linge de table et leur plus belle nappe pour nous faire honneur. Notre goûter étant fini, nous songeons à nous retirer, lorsque notre bonne vieille hôtesse qui a partagé la réfection avec nous, nous conduit jusqu'au dehors en traversant le jardin.

Au moment de nous laisser, Thérèse arrache vigoureusement dans la haie une grande branche de chèvre-feuille et me l'offre. Alors renouvelant nos remerciements pour les burettes que je garderai comme un souvenir de cette visite intéressante (1), nous lui disons adieu en continuant notre route sur le plateau (2).

Je ne prétends point rappeler les noms des villages que nous apercevons à droite et à gauche ; ils se ressemblent tous par leur aspect mystérieux, au milieu des arbres qui les cachent. Pendant que nous traversons la plaine, nous entendons distinctement, bien qu'à plusieurs milles, la cloche de Saint-Martin-en-Campagne. Elle sonne à toute volée, pour annoncer l'Adoration perpétuelle, qui a lieu aujourd'hui dans cette paroisse, selon l'usage récemment institué en ce diocèse par l'archevêque actuel. C'est cette cérémonie qui a été cause que la conférence ecclésiastique, convoquée aujourd'hui à Martin-Eglise, est remise à demain, pour faciliter la présence de plusieurs de ses membres à Saint-Martin-en-Campagne.

Justement au coucher du soleil nous arrivons au bord du coteau qui domine la charmante vallée de l'Eaulne et de là, nous pouvions découvrir à notre aise cette grande ferme, où se tint autrefois le prêche, but de notre promenade du soir, le dimanche précédent.

La chaleur n'avait pas été aussi lourde en cette journée qu'en celle d'hier ; nous arrivions donc au presbytère dans de meilleures conditions. Cependant le dîner avait été le bienvenu ; ensuite de quoi avait eu lieu la tournée du soir. A notre rentrée, nous trouvâmes deux paroissiens, M. et Mme Philippe, qui étaient venus pour faire visite. C'est à eux, soit dit en passant, qu'on avait dû le charmant reposoir où s'était fait la quatrième station dimanche dernier. Nous causâmes quelque temps et lorsque M. et Mme Philippe se retirèrent, il était temps de se mettre au lit.

(1) J'ai pu voir ces deux petits vases honorablement placés, dans la chambre que j'ai occupée momentanément à Londres, 23, Soho Square, en juillet 1870. *N. D. T.*

(2) *Thérèse* Frechon est décédée à Belleville le 18 décembre 1874.

SIXIÈME JOUR

Promenade solitaire. — Conférence. — Dîner. — Controverse. — Calme. — Royalisme. — Nouveaux visiteurs. — Bréviaire des Prémontrés. — Promenade à Arques. — Anecdote sur l'abbé Briche. — L'église. — Extérieur. — Intérieur. — Chœur. — Chapelles. — Clôture. — Fondations. — Jubé. — Henri IV. — Désappointement. — Une visite. — Privilége de Saint Romain. — Légende. — Droits du Chapitre. — Histoire du privilége. — M. Le Barois. — Aux armes! — Polémique. — Une rose. — Un ancien jardin. — Retour à Martin-Eglise.

Le *Mercredi 9 Juin* était donc le jour de la conférence (1). Après le déjeuner, je prends avec moi le compte-rendu du voyage de mon ami dans le Soissonnais et à Reims; puis, je pars pour la forêt, afin de me livrer à une course solitaire parmi les bois selon ma fantaisie. C'est étrange comme la solitude vous sourit parfois : elle semble en certains jours être un besoin de l'âme. Ici, dans cette forêt d'Arques, je puis en jouir complétement et à mon gré. Quoique le soleil soit éclatant en ce moment, à peine quelques rayons peuvent-ils trouver leur passage à travers le feuillage épais. Pendant un peu de temps je m'assieds à l'ombre sur la lisière du bois et alternativement je lis ou je me repose, en jouissant du coup-d'œil que j'ai devant moi ; ensuite, je pénètre dans l'intérieur de la forêt, me dirigeant à droite ou à gauche, d'après les caprices qui me viennent. Environ vers midi, je

(1) Pendant plus de quinze ans, cette conférence ecclésiastique a été composée de MM. les curés d'Arques, de Martigny, d'Ancourt, de Derchigny-Graincourt, de Berneval, de Belleville, de Bracquemont et de Martin-Eglise. *N. D. T.*

commence à tourner mes pas du côté de la maison, car aujourd'hui, le dîner est fixé à une heure ou peu après.

Il n'y avait pas longtemps que j'étais rentré au presbytère quand la conférence vint à se terminer. Alors je fus présenté convenablement aux membres qui en faisaient partie ; puis, le dîner fut servi sans délai.

La conversation devint générale. Elle tourna bientôt sur les élections qui venaient d'avoir lieu. Les idées qui furent émises étaient fort variées : chaque parti semblait avoir son représentant. A mon étonnement, mon excellent hôte qui est bien connu pour ses opinions arrêtées et la vivacité avec laquelle il les défend, restait en ce moment calme et paisible. C'était même lui qui semblait alors prendre le rôle conciliant de médiateur. Mais, comme la cause légitimiste en France peut à peine compter sa prépondérance, la tranquillité imperturbable de mon ami, au milieu du débat, n'est pas difficile à expliquer.

A la fin du dîner, je m'en souviens bien, vint se montrer à table une preuve indubitable de royalisme, sous la forme d'un service à café. Le seul ornement du sucrier et des tasses était un semé de fleurs de lys : service unique en son genre, fabriqué tout exprès par les soins du frère aîné de mon hôte. Ce sont ces emblêmes qu'un impérialiste haut placé, en visitant le presbytère, ne pouvait regarder naguère sans hocher la tête. Quel espoir de gagner un homme qui porte ses convictions jusque sur ses tasses à café !

Le dîner terminé, on fit une promenade de quelques minutes dans le jardin ; ensuite de quoi MM. les Curés s'en allèrent. Alors on annonça une dame française, Mme Lemaître, accompagnée de sa demoiselle. Je ne les vis pas ce jour-là ; mais j'eus l'avantage de les saluer peu de jours après.

Pendant cette visite, je me retirai sous la tonnelle du jardin pour examiner le Bréviaire des Prémontrés, c'est-à-dire la dernière édition donnée par l'abbé J.-B. L'Ecuy en 1786. Je m'attachai surtout aux leçons qui concernent les saints de cet ordre religieux. Et ici, pour la première fois, je trouvai le récit de la translation de saint Norbert, de Magdebourg à

Strahow (1), sujet d'une si vigoureuse guerre entre les pr fesseurs d'Iéna et les religieux de la Bohême (2).

Quand la visite fut achevée, mon abbé me proposa un promenade à Arques pour voir M. Tipping. Cet honorabl *gentleman*, membre du Parlement pour Stockport, m'a vu Londres en avril 1868, afin de me remettre, au nom de mo ami, les *Mœurs des Israélites et des Chrétiens* par Fleury Pour quelques moments, avant de nous mettre en route nous visitons M. Philippe, qui nous fait admirer son jardin baigné de chaque côté par les eaux de l'Eaulne offrant ic deux cours.

Nous prenons alors le grand chemin qui a été pratiqu depuis ma première venue en 1867.

Justement en laissant le village, sur la gauche, se voit un ferme, où l'abbé Briche étant caché, manqua d'être décou vert dans le temps de la persécution. Sa résidence dans cet maison était connue seulement du maître, de son épouse e d'une domestique fidèle. Mais un soir, ces honnêtes fer miers furent obligés de prévenir le prêtre zélé de ce qui répétait. Un batteur en grange s'était aperçu qu'un homm vêtu en bourgeois avait sauté par-dessus une barrière e disait en conséquence : « Si je ne croyais l'abbé Briche émi gré, j'aurais soupçonné que c'était lui. » En effet, cet ecclé siastique montrait une agilité remarquable. Ce soupçon n'é tait donc que trop fondé : c'était bien lui qui avait été vu Cette résidence cessa alors d'être assez sûre pour qu'il pû y rester ; au moins, cette fois, échappa-t-il au danger qui l menaçait.

En une heure, nous sommes à Arques, que couronne noblement son vieux château. Comme je n'ai pas visité cet antique forteresse cette fois, je la passe sous silence, ain que le champ de bataille, que je visitai l'un après l'autr

(1) On peut consulter sur ce noble monastère : le *Dictionnaire des A bayes*, dans l'*Encyclopédie* de Migne, col. 743-4. — Murray's, *Hand of southern Germany*, p. 391-2 (1840).

(2) Voir une liste des ouvrages de l'un et l'autre parti, dans Pollhast. *Bibliotheca historica Medii Ævi*, in-8°, Berolini, 1862, p. 829-30.

en 1867. Le champ de la bataille d'Arques me fut montré alors par mon excellent ami qui fut mon guide. Quant au château, je veux seulement dire ici que je ne connais aucune ruine plus frappante en ce genre et qu'heureusement ces beaux restes ont trouvé un digne historien en M. Deville.

Nous ne pouvions manquer d'entrer dans l'église en passant. A Arques, comme dans beaucoup d'autres lieux, la reconstruction fut faite sur des dimensions qui ont empêché le vaisseau de se terminer. Le chœur s'élève beaucoup au-dessus de la nef. A la partie occidentale est une tour pittoresque couverte d'un toît aigu. Tout l'extérieur du monument est sculpté avec soin, et il semble qu'on n'ait rien épargné pour sa décoration. Actuellement, cette église paraît absolument disproportionnée pour le village qu'elle domine. Mais Arques, maintenant peu important, a connu des jours où il était comme le point principal de ces contrées. On peut dire que sa gloire est passée, ou au moins ne lui reste-t-il que la gloire des grands souvenirs et des nobles ruines.

Cette église néanmoins est soignée avec un ordre parfait et bien entretenue. L'intérieur, à première vue, n'est pas aussi frappant qu'on se l'imagine par avance. Il est certain que je fus désappointé lors de ma visite, il y a deux ans ; mais le monument gagne à être mieux connu. Le chœur est vaste et majestueux, se prêtant aux cérémonies imposantes : aussi commande-t-il l'attention. Quelques détails de sculptures sont d'une richesse et d'une élégance remarquables, principalement deux socles soutenant des images à chaque côté du maître-autel et les pendentifs de la voûte dans la chapelle où repose le Saint-Sacrement.

L'autel de cette chapelle et l'autel de celle de Saint-Nicolas, à l'autre côté du chœur, sont modernes : ces monuments sacrés sont en pierre et de bon goût. Le lambris qui orne les murs de ces chapelles est digne d'attention, quoique, il faut le dire, ce qui appartient à l'époque de la Renaissance, rappelle des idées payennes. Ces chapelles sont séparées du chœur par des balustrades en pierre. Plusieurs des colonnettes qui forment cette clôture sont percées de trous, lesquels sont destinés au même but que nos *hagyoscopes*, dont on voit encore quelques exemples en Angleterre, dans les églises de notre comté (1).

Sur les murailles du sanctuaire se voient des inscriptions lapidaires rappelant des fondations anéanties par la Révolution et devenues actuellement un simple souvenir. Les fenêtres de l'abside qui dominent le maître-autel sont larges et à effet; parmi leurs panneaux on retrouve quelques fragments de vitres peintes.

Mais ce qui fait l'orgueil de cette église, c'est le jubé, construction de la Renaissance, d'une élégance parfaite. Sur un des côtés de ce monument s'élève en spirale un escalier merveilleux, qui conduit au haut de la galerie.

Je ne saurais oublier non plus le buste de Henri IV qui, grâce aux soins des antiquaires zélés du pays, a été rétabli en sa place, avec sa belle inscription. On voit l'un et l'autre à l'entrée de la chapelle du sud : ce qui rappelle que le curé contemporain de la bataille d'Arques, en zélé ligueur, ne voulut point permettre au *Béarnais* protestant d'entrer dans le chœur. Ensuite d'un coup-d'œil sur des pierres tombales et sur quelques sculptures dans le transept du nord, nous sortîmes de l'église.

Sur le chemin conduisant chez M. Tipping, nous remarquâmes les curieuses maisons des XVIe et XVIIe siècles qui s'offraient sur notre passage ; l'une de ces habitations porte une inscription jusqu'alors peu intelligible (2).

Nous trouvons que M. et Mme Tipping sont sortis aujourd'hui. Pour comble de malheur, nous étions nous-mêmes

(1) Ces petites ouvertures pratiquées dans les colonnettes facilitent la vue de ce qui se passe à l'autel. — Bloxam, *Gothic Architecture*, p. 424-30. — Dans un curieux ouvrage intitulé : *A Glossary of terms used in Grecian, Roman, Italian and Gothic Architecture*, Oxford, 1850, vol. I, Text. on trouve, p. 441, des détails sur ces sortes d'ouverture, sous l'article : *Squint. N. D. T.*

(2) Voici cette inscription : « *Fœlix domus ubi de Mariâ Martha conqueritur*, 1618. » C'est-à-dire : « Heureuse la maison où Marthe se plaint de Marie. » Ce qui, selon moi, signifierait : « Heureuse la maison où le

absents quand ces mêmes personnes vinrent à Martin-Eglise quelques jours après pour nous voir.

Mais avant de laisser Arques, mon ami a une autre visite à rendre. En nous dirigeant de ce côté, nous passons devant la maison où naquit le fameux naturaliste de Blainville (1) : qui nous fait donner un souvenir à ce savant successeur de Cuvier.

La demeure de M. Le Barois (2), chez lequel nous nous rendons, se trouve assez rapprochée de l'église. Le père de ce gentilhomme a été le dernier *Vicomte de l'Eau* à Rouen (3) avant la grande Révolution, et lui-même, étant enfant, a encore pu assister à la dernière levée de la *Fierte* (4) de saint Romain. Lui-même aussi a mangé des pâtisseries offertes au prisonnier qui reçut son pardon en dernier lieu, en vertu de l'ancien privilége.

Ce privilége fut une des plus étranges coutumes parmi celles qui plaisaient au moyen-âge En voici l'histoire ou la légende :

Dans le VIIe siècle, les environs de Rouen furent infestés

Seigneur habite, » en faisant allusion à la résidence du Sauveur chez Marthe et Marie. Et peut-être ces deux noms étaient-ils portés par les propriétaires de cette maison, qui auront désiré les faire figurer ici. — Cette inscription a été enlevée pour le Musée de Rouen le 14 octobre 1872. *N. D. T.*

(1) *Galerie Dieppoise*, p. 321. — *Magasin pittor.*, 1850, p. 275. *N. D. T.*

(2) M. Amédée Le Barois, juge honoraire, est décédé à Arques le 3 avril 1874, âgé de 89 ans. *N. D. T.*

(3) La *Vicomté de l'Eau* était une ancienne juridiction de laquelle dépendaient les délits qui se commettaient sur le cours de diverses rivières, notamment de la Seine. Elle surveillait aussi les poids et mesures de la ville de Rouen. Le *Vicomte* donnait chaque année la collation au prisonnier délivré le jour de l'Ascension. — *Voyages Liturgiques*, p. 347. — Farin, *Hist. de Rouen*, in-4°, 2e partie, p. 143. — Ch. de Beaurepaire, *De la Vicomté de l'Eau à Rouen*, in-8°, 1856. — Il y a toujours à Rouen une rue de la *Vicomté*. *N. D. T.*

(4) *Fierte* du mot latin *Feretrum*, signifie dans le diocèse de Rouen, la *châsse* qui contient les reliques de saint Romain. — En certains quartiers des Pays-Bas, on donne le nom de *Fitre* aux châsses des saints. — *Histoire de N.-D. de la Sarte, lez-Huy*, in-12, 1871, p. 97. *N. D. T.*

par un monstre, qui était la terreur des habitants de la contrée. On donne vulgairement à ce monstre le nom de *Gargouille.* Saint Romain, alors archevêque du siége métropolitain, promit de délivrer le pays de cette bête, pourvu qu'un homme voulût l'accompagner. Personne ne se présente. Un prisonnier, pourtant, déjà condamné à mort et qui n'avait plus rien à espérer, s'offre pour tenter la terrible aventure. L'archevêque le prend avec lui, le monstre est détruit et, par le crédit de saint Romain, le condamné recouvre sa liberté et s'en va absous.

Pour conserver la mémoire de ce fait, le chapitre métropolitain obtint le privilége de délivrer chaque année, au jour de l'Ascension (1), un coupable et même ses complices ayant mérité la mort. Les chanoines de l'Eglise de Rouen conservèrent ce privilége jusqu'à la Révolution, et on assure que MM. du chapitre étaient tellement jaloux de leurs droits, qu'ils maintinrent celui-ci avec zèle, recevant chaque année les humbles requêtes et les suppliques des nobles et des grandes dames réclamant pour leurs protégés un mot favorable du chapitre (2).

Les cérémonies en usage lors de la levée de la Fierte étaient tout-à-fait particulières. J'ai vu au presbytère de Martin-Eglise une gravure représentant la principale scène de cette solennité. Mais il n'en reste rien en ce XIXe siècle, sinon deux forts in-8° dans lesquels M. Floquet a donné l'histoire complète du privilége d'après les actes authentiques et les registres capitulaires. La gloire de saint Romain n'est pas pour cela entièrement éclipsée : la mémoire du pasteur vit toujours parmi son troupeau ; mais j'aurai peut-être quelque chose à en dire plus tard en parlant de Rouen.

(1) *Calendrier Normand*, p. 30.

(2) L'abbé de la Sainte-Trinité de Vendôme jouissait, dit-on, d'un privilége semblable, ainsi que l'abbé et les moines de Glastonbury. — Voir : *Encyclopédie* de Migne, *Dict. des Abbayes*, col. 776 et 343. — Les Evêques d'Orléans délivraient également des prisonniers au jour de leur intronisation. — Dom Beaunier, *Recueil historique*, etc., t. I, p. 47. — Godescard, *Vies des Pères*, etc., 17 nov., *Vie de Saint Agnan*.

Pour revenir à M. Le Barois : cet honorable monsieur est d'un âge avancé. Après avoir occupé à Rouen quelques places élevées dans la magistrature, ayant alors sous lui M. de Bonnechose, actuellement Cardinal-Archevêque et toujours son ami, M. le Barois s'est retiré dans la maison où vécut sa mère à Arques, pour y terminer ses jours. Le vieux gentilhomme paraît bientôt au salon et de suite la conversation devient animée. Nous nous lançons même dans la polémique ; néanmoins, je dois le dire, c'est plutôt l'abbé et M. Le Barois qui se débattent. Ils s'attaquent l'un l'autre de tout cœur, se pressent mutuellement et se ripostent à l'envi ; enfin, ils semblent par leur discussion se rencontrer parfaitement dans l'élément qui leur convient et ne vouloir pas perdre une si bonne occasion.

Cependant, cet agréable passe-temps se trouva raccourci pour cette fois par une visite au jardin, d'autant plus que le soir arrivait en toute hâte. Comme nous descendions les marches qui conduisent au perron, une magnifique rose s'étalant sur la plate-bande voisine, me fit malgré moi pousser un cri d'admiration. Cette rose était séduisante au-delà de toutes celles que j'eusse jamais vues, tant son contour était énorme et sa symétrie parfaite. En un instant elle fut cueillie et M. Le Barois me l'offrit. Elle ne fut pas la seule, car d'autres roses vinrent lui faire compagnie pour me former un bouquet, mais aucune ne pouvait entrer en comparaison avec la première.

Nous passâmes ensuite dans les jardins qui sont tenus entièrement à l'ancienne manière usitée en France. De tous côtés se voient des haies, des buissons, des charmilles avec des sentiers tournant en tous sens pour former des espèces de labyrinthes, lesquels nous conduisent tantôt à des gazons couverts de plantes remarquables, tantôt à des massifs de fleurs, ailleurs encore à de charmantes petites avenues ou à des bosquets cachés dans le fourré. L'ancien aspect a donc été conservé avec un soin minutieux. En outre la propriété s'est augmentée par l'acquisition d'un terrain adjacent et c'est sur ce nouveau sol que la bibliothèque a été établie. Mais, dit M. Le Barois, je ne fais plus voir ma bibliothèque, depuis que j'ai visité celle du presbytère de Martin-Eglise (1).

Après nous être égarés momentanément dans ces détours mystérieux, nous fûmes obligés de dire adieu, car le temps nous pressait. Toutefois, je ne puis oublier la manière pressante avec laquelle le respectable gentilhomme manifesta le désir de nous avoir à dîner avant mon départ. Or, mon séjour était de trop courte durée et nos moments trop remplis pour accepter.

Nous revînmes au logis charmés par la fraîcheur du soir, récitant en chemin le bréviaire pendant quelque temps; ensuite, j'abondai en particulier sur le compte de Saint-Romain. Arrivés au presbytère, nous prîmes notre souper et ensuite d'une courte sortie on se mit au lit.

(1) Ce qui n'empêche pas que la bibliothèque de M. Le Barois ne soit considérable et bien choisie. *N. D. T.*

SEPTIÈME JOUR.

Lecture. — Visiteurs. — Dîner. — Invasion anglaise. — Machines. — En route pour Rouen. — Vallée de la Scie. — Prieuré de Longueville. — Le grand Giffard. — Ses fondations. — Le 2e comte de Buckingham. — Giffard, évêque de Winchester. — Les Cisterciens en Angleterre. — L'évêque Giffard de Worcester. — Giffard de Brimmesfield. — Giffard de Chillington. — L'évêque Bonaventure Giffard. — Giffard, archevêque de Rheims. — Chute des Giffards dans la foi. — Le père Withe ou Bradshaw. — Le Château. — Souvenirs. — La duchesse de Longueville. — Les anciens jours. — Auffay. — Abbaye de Saint-Victor. — Approche de Rouen. — Panorama. — Moderne construction. — Espérance. — Arrivée. — La Cité. — Une rue. — Arcade et horloge. — La Cathédrale. — Grand portail. — Montée à la tour. — Critique. — Intérieur. — Chœur. — Sacristies. — Châsse de Saint-Romain. — Autre vue du grand portail. — Cloche. — Georges d'Amboise. — Circuit et portail du sud. — L'archevêché. — Portail du Nord. — Bibliothèque. — Cloître. — Fenêtres. — Ouvrage du Moyen-Age. — Souper. — Logement.

L'après-dîner du *Jeudi 10 Juin* devait nous voir partir pour Rouen, mon ami et moi. A midi, M. Mme Philippe et leur neveu M. Robbe vinrent manger avec nous. Pendant la matinée, M. le Curé fut occupé ; mais sa bibliothèque m'offrit une source intarissable de distraction. Je la parcourus entièrement à mon loisir, passant d'un livre à l'autre, d'un sujet à un autre sujet, avec une parfaite satisfaction. La matinée s'écoula si rapidement qu'il était plus de midi avant que j'en eusse la moindre idée.

L'arrivée de nos invités me fit laisser ma charmante occupation et nous passâmes dans le jardin jusqu'à ce que le dîner fut servi. Qu'un dîner français est agréable ! On est porté à croire que la conversation qui s'y engage sans façon est le principal assaisonnement des mets ; ce qui n'empêche pas pourtant de rendre pleine et entière justice aux plats qui couvrent la table.

Pendant le dîner on annonça une famille anglaise ; mais ces visiteurs reconnaissant l'état des choses se retirèrent sagement dans les allées, au milieu des rosiers. Quand ces étrangers furent sortis, je me joignis à M. Robbe pour descendre au moulin à l'huile et jeter un coup-d'œil sur l'établissement qui en dépend. Il faut que je reconnaisse d'abord, qu'en général, les machines et les manufactures ne m'offrent aucun intérêt ni aucun attrait : c'est pour moi quelque chose de noir, d'effroyable, de terrible, de désagréable à la vue.

Ensuite d'une courte station, nous revînmes au presbytère et nos convives nous ayant souhaité bon voyage, nous nous préparâmes à partir pour Rouen. Nous sortîmes à quatre heures environ ; mais sans doute nous marchâmes trop lentement, occupés à causer sur le chemin, puisque nous n'arrivâmes point à la gare une minute trop tôt. Nous n'eûmes donc que le temps de prendre nos billets pour sauter dans le train. Nous sommes en route.

Notre parcours suit la fertile vallée de la Scie, qui n'est pas ici d'une largeur considérable, bien que la rivière qui l'arrose présente dans son cours de nombreux circuits. Les collines qui nous environnent sont toujours d'une élévation remarquable, quelquefois même elles dominent beaucoup plus ; quant aux arbres ils sont généralement nombreux. Le pays est d'un aspect agréable et charmant ; en certains moments, on croirait voir l'Angleterre sous son plus bel attrait.

Les villages sont nombreux, comme autrefois aussi les maisons religieuses ; mais de ces dernières à peine en reste-t-il quelque trace. Parmi ces pieuses fondations, le Prieuré (1) de Longueville occupait une place distinguée. Le nom de Longueville rappelle une foule de souvenirs. Ce monastère

(1) On a quelquefois donné le titre d'abbaye au Prieuré de Longueville, mais Adrien Valois, *Notitia Galliarum*, page 283, dit : *Cella sive Prioratus.*

dédié à Dieu, sous le nom de Sainte-Foi (1) fut fondé dans la dernière moitié du XIe siècle par le grand Gautier Giffard (2) comte de Buckingham et de Longueville, un des héros de la Conquête. Non content d'enrichir son Prieuré de terres situées en Normandie, Gautier Giffard lui donna en outre d'amples possessions dans le Buckshire, où les moines établirent le Prieuré de Newington-Longueville (3). L'abbaye du Bec éprouva également la libéralité de ce personnage, comme le grand Prieuré de Blakenham, au comté de Suffolk le témoigne suffisamment (4). Les pieuses intentions de Gautier Giffard ne sont pas totalement frustrées de nos jours, puisque les possessions anglaises que nous venons de relater, sont passées, la première au New-College à Oxford, l'autre au College d'Eton.

Les Giffards comme les Warennes semblent avoir hérité dans leurs familles du dessein de fonder des maisons religieuses. Le second Gautier Giffard, dernier comte de Buckingham de cette maison (5) fonda la grande abbaye Augustinienne de Nuttley, dans le Buckshire (6).

(1) Le nom latin de Sainte Foi est *Fides*, avec le génitif *Fidei* ou *Fidis*. Cette dernière version paraît la plus commune et semble donner à la sainte le nom d'une *lyre*; cependant, les actes de son martyre rapportent qu'elle fit allusion à la *foi* qu'elle professait conformément à son nom. Voir : Alban Butler, traduit par Godescard. *Vies des Pères*, etc., 6 oct. — Selon Dom Toussaint Duplessis, ce serait Gautier Giffard, second du nom, qui aurait fondé le Prieuré de Longueville. C'est le même qui a possédé en partie la terre de Martin-Eglise. — *Descript. de la Haute-Normandie*, t. I p. 123 et 582. *N. D. T.*

(2) Anciennement on disait toujours Longueville-*la-Giffard* pour distinguer la bourgade Normande où était situé ce Prieuré, d'avec les autres localités du même nom de Longueville. — D. Toussaint Duplessis, *Descript. de la Haute Normandie*, t. I, p. 560. *N. D. T.*

(3) Tanner, *Notitia Monastica* (édit. 1744), p. 25. — Il y a encore une paroisse dans le Buckshire, au diocèse de Lincoln, qui porte le nom de *Newnton-Longville* et, chose remarquable, l'église est sous le vocable de Sainte Foi. *N. D. T.*

(4) Tanner. *Notitia Monastica*, p. 511. — *Monasticon Anglicanum*, p. 573.

(5) Nicolas, *Synopsis of the Peerage*, p. 91. Il mourut en 1164.

(6) Tanner, *Notitia Monastica*, p. 27. — *Magasin pittoresque*, 1835, p. 390.

Hyde Abbey près Winchester, Taunton Priory, Sainte-Marie Overy à Sonthwark rendent témoignage à la grande et pieuse munificence de Guillaume Giffard, Evêque de Winchester (1) autre rejeton de cette illustre race. Mais c'est sa fondation de l'abbaye de Waverley (2) au comté de Surrey, quoique moins opulente que celles qui précèdent, qui a certainement perpétué sa réputation ; car ce fut le premier établissement des Moines de Citeaux dans notre pays. Il n'est guère besoin de dire comment ces nouveaux religieux une fois introduits, se répandirent partout, trouvant des bienfaiteurs en tous lieux (3). Tandis qu'York avec Fontains (4), sembla enlever la palme, notre Devonshire put compter cinq grandes abbayes du même ordre : Ford, Buckfast, Dunkeswell, Buckland et Newenham, les deux premières desquelles reçurent leurs religieux de Waverley, dans les dix premières années de l'arrivée des Cisterciens en Angleterre (5).

(1) Nommé en 1100 ; consacré le 11 août 1107 ; mort le 25 janvier 1129. — Nicolas, *Synopsis*, p. 885.

(2) Tanner, *Notitia Monastica*, p. 539. Cette abbaye fut fondée en 1128 à la fin de novembre. Ainsi l'évêque semble avoir assez vécu pour voir sa fondation établie. — *Anglia sacra*, t. I, p. 299. — Le *Dictionnaire des Abbayes* dans l'*Encyclopédie* de Migne confond *Waverley* avec *Vaudey*, col. 827-8.

(3) Bien que l'ordre de Citeaux se fût si promptement répandu, il semble être devenu stationnaire cent ans après sa fondation. Ainsi, par exemple, des 74 monastères Cisterciens établis pour des moines dans la Péninsule Ibérienne, 7 seulement paraissent postérieurs à l'an 1230. — Voir la liste dans Tamayo de Salazar, *Martyrologium Hispanicum* Ludg. 1657, t. IV, p. 516-20. — Il en était à peu près de même en Angleterre ; cependant, je n'ai pas dressé de liste de comparaison pour l'Angleterre, la France et l'Allemagne.

(4) Une liste incomplète des chartes relatives à cette magnifique Abbaye occupe 63 pages in-f° dans Burton, *Monasticon Eboracense*. — York, 1758, p. 146-209. Une partie de l'Abbaye de Byland, autre maison Cistercienne du comté d'York (Burton, p. 328 et 399) a été récemment acquise par les moines de Saint Laurent d'Ampleforth, bénédictins de la Congrégation anglaise. — Voir : Oliver. *Western etc. Collections*, p. 255, note.

(5) Voir : Oliver, *Monasticon Diœcesis Exoniensis*, p. 338 et 371.

Un autre Giffard, évêque de Worcester (1), ne fut pas moins généreux dans le siècle suivant : la Collégiale de Westbury sur le Trym le regarde comme son fondateur (2). En outre, sir John Giffard, premier lord de Brimmesfield (3) donna plus tard un témoignage de la pieuse libéralité de cette noble maison, en établissant à Oxford, Gloucester-Hall, destiné aux étudiants bénédictins de la province de Cantorbéry. Ce collége fut maintenu en plein exercice jusqu'à la Réformation et alors, ayant été supprimé, abandonné et vendu, selon l'usage de l'époque, il tomba entre des mains qui surent en faire plus tard, ce qu'on appelle Worcester-College (4).

Pendant les tristes jours qui survinrent en Angleterre, les descendants des Giffards restèrent attachés à la vieille foi de leur pays. Une branche de la maison de Brimmesfield, par le mariage avec une héritière, avait acquis au XIIIe siècle les pleins droits du nom de Chillington, au comté de Stafford, et de ces Chillington-Giffards est provenue la ligne masculine qui représente la famille. C'est de cette descendance que sont sortis deux membres de l'Episcopat Catholique depuis la Réformation. Je prends d'abord le dernier, qui fut Bonaventure Giffard, premier vicaire apostolique du district du Milieu, ensuite le second vicaire apostolique du district de Londres (5).

(1) Nommé le 30 juin 1268, mort en 1301. — Nicolas, *Synopsis*, p. 889. Les *Annales Eccl. Wigorn* (dans Wharton, *Anglia sacra*, t. I, p. 527), disent : « Il mourut le VII des Calendes de février, un vendredi, à l'heure des Complies. »

(2) Tanner, *Notitia Monastica*, p. 142.

(3) Les lords Stourton et Petre, catholiques de la vieille roche, sont cohéritiers de la moitié de cette baronnie datant de 1295. — En même temps qu'eux marchent à peu près également une foule d'anciennes familles, comme les Lestranges, les Talbots, les Howards, etc., etc.

(4) Tanner, *Notitia Monastica*, p. 434-5.

(5) Il fut sacré évêque de Madaure *in partibus* le 22 avril 1687, transféré au district du Milieu en 1702 ; il mourut, dit-on, en 1720. Voir : *Catholic Directory*, for 1870, p. 54 ; Dodd, *Church history of England with regards to Catholics*, in-f° vol. III, p. 469. — C'est sans doute à cause de cet évêque Giffard, que Chillington fut si longtemps la résidence des vicaires apostoliques du Milieu.

Le plus ancien et le plus illustre de ces deux prélats fut Guillaume Giffard, qui fit revivre en quelque sorte l'ancien renom de ses ancêtres. Elevé par des maîtres catholiques à Oxford (1), il devint ensuite l'ami intime du docteur Allen, depuis Cardinal, et alors professeur de théologie au Collége Anglais de Rheims. L'Université et le Cardinal de Guise, Archevêque de cette ville montrèrent à l'envi le cas qu'ils faisaient de Giffard. Mais au moment où la route s'ouvrait pour lui aux plus grands honneurs, il renonça à tout pour devenir moine bénédictin. Il espérait ainsi passer le reste de sa vie dans l'obscurité. Sous le nom du Père Gabriel de Sainte-Marie, Giffard entra en Décembre 1608, âgé de cinquante-quatre ans, dans le petit monastère de Saint-Laurent à Dieulwart en Lorraine (2). Ce monastère avait été accordé deux ans auparavant aux bénédictins anglais par le puissant cardinal qui paya les frais de reconstruction (3). Cependant, les mérites de Giffard étaient trop éclatants pour lui permettre de jouir du repos qu'il avait désiré. La congrégation renaissante des bénédictins anglais le nomma son premier président (4) en Juin 1617. L'élévation qu'il avait évitée vient encore le poursuivre : le Cardinal de Guise l'ayant obtenu pour son coadjuteur au siége de Rheims et ce prélat étant mort en 1622 (5), le P. Giffard fut fait son successeur. Par là, il devint Archevêque, Duc de Rheims, premier Pair de

(1) Dodd, *Church hist.*, vol II, p. 359.

(2) Ce monastère revit dans celui de Saint-Laurent d'Ampleforth, comté d'York. Voir : Oliver, *Western etc.*, *Collections*, p. 483-4, et note 4 de la page 76. — Dieulwart, qu'on écrit aussi Dieu-Louard ou Dieu-Leward est situé près de Pont-à-Mousson, *France pittoresque*, t. II, p. 245.

(3) Dodd, *Church history*, vol. II, p. 339.

(4) La succession a continué sans interruption depuis F. W. Gabriel Giffard, jusqu'à F. Richard Paulinus Burchall, actuellement le 31e président de cette Congrégation. Voyez cette suite dans Oliver, *Western etc.*, *Collections*, p. 535-8.

(5) Dodd, *Church history*, p. 361. Son épitaphe donnée par le *Voyage littéraire* de D. Martène et D. Durand (1717), part. II, p. 86, porte : XI Kal. Jul. MDCXXI. — Les *Dictionnaires historiques* disent le 21 Juin, 1621, article : *Guise, VI.* — C'est la même date diversement énoncée.

France, Légat-né du Saint-Siége et Primat de la Gaule-Belgique (1).

Dans cette position éminente, Guillaume Giffard resta toujours l'humble religieux, uniquement appliqué à l'édification et au soin spirituel de son troupeau ; il employa ses forces, son temps, tout lui-même à prêcher, à rétablir la discipline ecclésiastique et à soulager les pauvres, jusqu'à ce que, le 11 avril 1629, cet homme, la gloire de ses frères en religion et l'honneur de notre pays, rendit son âme à Dieu (2). Son corps repose dans sa Cathédrale et son cœur fut déposé dans l'église bénédictine de Saint-Pierre à Rheims (3).

Durant les jours de la persécution, les Giffards conservèrent leur foi intacte ; et puis, quand ces jours de danger furent passés, le représentant d'une foule d'ancêtres catholiques, illustres par leur naissance et par leur piété, un homme obligé par les liens de l'honneur, du respect et du sang à maintenir l'ancienne Eglise d'Angleterre, a laissé échapper le précieux héritage de la foi, que ses ancêtres pendant trois siècles avaient conservé, au milieu des lois iniques et pénales, parmi toutes les tentations que le monde peut offrir. Pendant trois cents ans, les Giffards ont pu prendre rang avec les Ferrarses et les Scropes, parmi nos familles toujours fidèles au catholicisme ; actuellement, on peut le dire, « leur gloire est changée en honte, parce qu'ils ont oublié la loi de leur Dieu (4). »

Je me suis bien éloigné de Longueville, mais la pensée du vieux monastère fait naître de nombreux souvenirs qui semblent couvrir ses ruines d'un vif intérêt. Par ruines, j'entends

(1) Il reçut le Pallium des mains de son suffragant, Philibert de Brichanteau, 76e évêque de Laon, lequel était aussi un bénédictin. Cette cérémonie eut lieu dans la Cathédrale de Laon. Voir : Beslote, Observation sur la 2e partie de ses *Ritus Ecclesiæ Laudumensis redivivi*, p. 127.

(2) Ces renseignements sont empruntés à Dodd, *Church history*, vol. II, p. 340 et 358-61, et à Oliver, *Western etc., Collections*, p. 246, 474-5, 484-5 et 487.

(3) Suivant en cela l'exemple des deux Cardinaux de Lorraine et de Guise, ses prédécesseurs. Voyez : *Voyages littéraires, ubi suprà.*

(4) Osée, IV, 6-7.

les restes d'un vieux mur, car c'est tout ce qu'on en voit maintenant. La station du chemin de fer occupe presque la place de l'église du Prieuré, où reposaient les ossements du fondateur, de sa femme et de son fils, le deuxième comte du même nom. J'ignore en outre combien d'illustres seigneurs, de nobles dames et d'ecclésiastiques de renom leur tenaient compagnie (1).

Mais je ne puis passer sous silence la mémoire du Père Austin Withe ou Bradshaw, autre célébrité anglo-bénédictine. Il fut le vicaire-général de la Mission Anglo-Espagnole et, en 1608, il obtint la fondation du Collége Saint-Grégoire à Douai (2). Il en resta le supérieur jusqu'à la reconstitution de la Congrégation en 1617 et mourut l'année suivante. Ses funérailles eurent lieu dans cette église du Prieuré de Longueville, où se lisait son épitaphe (3). Il semble que personne du pays n'a connaissance de ce fait, quoique j'entends dire qu'on s'est beaucoup occupé en ces derniers temps de recueillir ce qui concerne les personnages marquants inhumés en ce lieu. Pourquoi Oliver ne nous donne-t-il pas l'épitaphe tout entière, ou au moins, que ne nous indique-t-il les sources où il a puisé son information? Serait-ce F. de Weldon, auteur de deux manuscrits in-folio ayant pour titre : *Chronological Notes ?* (4)

Il faut pourtant que j'en finisse. Cependant, je dois auparavant un coup-d'œil au sommet de la colline pour voir le peu qui reste de l'ancien château des Giffards. A quelques années d'ici, c'était presque un rival du château d'Arques;

(1) Plusieurs sont mentionnés dans le *Guide du Baigneur* de l'abbé Cochet, p. 49 et 51-2.

(2) Ce monastère revit dans celui de Saint-Grégoire à Downside près Bath. Voyez : Oliver, *Western etc., Collections*, p. 152-4 et p. 476-81. — S. Edmond de Douai, établissement actuellement existant, est une suite de la maison de S. Edmond de Paris. *Ibid.*, p. 492 et 519. — *Description des Curiosités des églises de Paris*, in-12, 1759, p. 26.

(3) Dodd, *Church history*, vol. II, p. 338. — Oliver, *Western, etc., Collections*, p. 475-6.

(4) Oliver, *Western, etc., Collections*, p. 529-30.

il ne lui est demeuré actuellement que des souvenirs comme ceux-ci : Giffard de Buckingham et de Longueville, le maréchal de Pembroke, Duguesclin, Montmorency-Laval, les d'Orléans comtes de Dunois de Longueville, de Tancarville, les barons d'Auffay, les ducs de Longueville, Chanoines perpétuels du noble Chapitre de Saint-Martin de Tours (1).

Peu de temps avant son extinction en la personne d'un ecclésiastique, dernier des Orléans de Dunois et Longueville, qui mourut en 1694 (2), la maison de Longueville dont le domaine fut alors réuni à la couronne de France, avait jeté peut-être son plus grand éclat. Cette gloire, qui pourrait néanmoins être contestée, provint de la célèbre Anne-Geneviève de Bourbon, fille de Henri II, Prince de Condé et de Marguerite de Montmorency. Mariée à vingt-trois ans à Henri d'Orléans, duc de Longueville, elle remplit la France et même l'Europe, de 1641 à 1663, par le bruit de ses intrigues et de ses cabales politiques, aussi bien que par ses querelles littéraires. A la fin, ayant perdu son mari, elle s'adonna aux pratiques religieuses et passa les treize dernières années de sa vie dans la retraite.

Maintenant Longueville avec son château démantelé et presque au niveau du sol, est tombé de jour en jour : et les hommes affairés vont et viennent occupés du tracas de leurs occupations ; seul, un voyageur isolé salue peut-être de fois à autre, avec un respect affectueux, ces vénérables restes ; le monde actuel est trop concentré sur le temps présent pour donner une pensée aux grandes actions du passé, qu'il se contente de condamner sans hésitation et qu'il se plaît même à ignorer. En disant adieu à Longueville, je veux exprimer l'espérance que le jour n'est pas éloigné où il se

(1) L'acte original de la création du comte de Dunois et de ses descendants, sous la date du 11 septembre 1464 est imprimée dans la 1re partie (p. 327) des *Antiquités d'Orléans*, par François Le Maire, in-4°, Orléans 1645. On y donne aussi (p. 318-328) la généalogie de la maison de Longueville, issue de celle d'Orléans. — Dom Beaunier, *Recueil historique*, etc., t. II, p. 892.

(2) Cochet (l'abbé), *Guide du Baigneur*, p. 47, note.

montrera un historien de bonne volonté et capable de rendre justice à mon thème : un tel homme a devant lui une surabondance de travail, avant qu'il puisse venir à bout de la tâche. Pourtant espérons!

Nous sommes bientôt à Auffay. La belle église paroissiale de ce bourg a récemment été fort endommagée par la foudre; cependant il y a tout lieu de compter que, non-seulement le dommage sera réparé, mais que tout l'ensemble recevra une restauration bien méritée. Ici également, fut autrefois un monastère : la maison du Prieur est devenue actuellement le presbytère du lieu.

Il faut encore que je mentionne une autre maison religieuse sur notre route. C'est l'abbaye de Saint-Victor, de laquelle le Conquérant lui-même fut regardé comme le fondateur (1); au moins les Moines de ce lieu le considéraient-ils comme leur principal bienfaiteur. De ce souvenir, il reste un témoignage permanent dans une statue, la plus ancienne que l'on connaisse maintenant de Guillaume, conservée dans une niche au côté sud de l'église (2). Saint-Victor reste toujours, comme au temps passé, le but d'un pélerinage dans cette église, à l'usage de la paroisse (3).

A quelque distance plus loin, nous trouvons une large vallée et devant nous se voit une contrée riche et florissante, autour de laquelle les collines sont couvertes de bois. Mais les villages qui s'étendent sur les pentes au-dessous de notre voie, montrent par leur grandes manufactures que nous approchons de Rouen. Après Malaunay, où se trouve la jonction des lignes du Havre et de Dieppe, le chemin semble tourner subitement pour nous mener sur un viaduc élevé qui traverse majestueusement les bas-fonds.

(1) Consultez le traité de Robert du Mont, *de immutatione ordinis Monachorum*, etc., cap. XXVI; les ouvrages de Guibert de Nogent, édit. d'Achéry, in-f°, Paris, 1651, p. 817. imprimés aussi sans nom d'auteur, d'après un manuscrit de la bibliothèque Bodléienne, dans le 2e vol. du *Monasticon Anglicanum*, publiés dix ans après, p. 947 et suiv. — Voyez aussi la Charte. *Ibid.*, p. 1002.

(2) L'abbé Cochet a fait imprimer une *Notice* spéciale sur cette statue.

(3) L'abbé Malais, *Calendrier Normand*, p. 47.

Avant peu la cité est en vue, occupant tout l'espace entre notre tracé sur la colline et le cours de la rivière. Qui pourrait penser que cette grande ville commerçante au XIXe siècle, avec ses filatures, ses usines enfumées et ses noires cheminées pyramidales, fut une des grands cités historiques de l'Europe? Au moins, à première vue, devra-t-on convenir qu'elle renferme encore et qu'elle se plaît à conserver les plus nobles monuments du moyen-âge. Mais, hélas! le XIXe siècle n'est pas resté inactif; il a surmonté la cathédrale d'un ouvrage qui le caractérise : c'est la grande flèche en fer qui doit s'élever plus haut que celle de Strasbourg et qu'on se propose de dorer! Ce monument peu agréable à la vue, pour ne rien dire de plus, est encore à terminer; construit à grand frais jusqu'à une hauteur prodigieuse, il attend toujours son couronnement, dans la crainte mal fondée, dit-on, que la tour centrale ne puisse point porter le poids de cette nouvelle flèche. Les pièces fondues pour continuer l'œuvre sont toutes prêtes, néanmoins le travail est resté interrompu. Espérons que le temps viendra où un tel monument ne choquera plus la vue, en sorte que le panorama cessera d'être défiguré par son aspect.

Nous mettons pied à terre au milieu du mouvement et du bruit; ce qui se rencontre tout naturellement dans cette grande Métropole ecclésiastique, la primatiale de Normandie; car elle n'a pu manquer de se mettre à la hauteur de l'époque actuelle. L'abbé tout aussitôt demande une voiture et nous partons pour la Cathédrale, dans l'espoir de contempler d'une des tours le coucher du soleil.

Comme on sait, l'ancien Rouen a été remanié totalement depuis quelques années; d'une des plus curieuses cités du moyen-âge, on en a fait une ville des plus confortables de France. Nous prenons notre chemin par la rue de l'Impératrice, rue très-fréquentée, bordée de chaque côté par de splendides magasins et des maisons élevées.

Tournant dans une rue sur la gauche, nous passons sous une belle arcade, surmontée d'une vieille horloge ornée tout-à-fait à l'antique. Cette arcade elle-même est couverte de sculptures, au milieu desquelles on distingue le Bon

Pasteur occupant le centre de la voûte. Une autre rue, encore sur notre gauche nous permet un regard au Palais-de-Justice ; puis, un instant après, nous sommes sur la place où la façade de la Cathédrale s'élève merveilleusement devant nous.

Il faut convenir que l'Angleterre ne peut rien nous montrer qui puisse se comparer à cet admirable portail. Trois entrées colossales, garnies de détails sculptés dans les voussures qui les recouvrent, sont surmontées de niches et de figures ; au-dessus se voit une riche rosace occupant le milieu de l'ensemble et plus haut est une profusion de statues et d'ornements. Cette magnifique façade est si bien et si convenablement réglée par ses lignes horizontales et perpendiculaires qu'elle satisfait l'œil par son plan et par sa symétrie, bien loin de le fatiguer par un amas confus de sculptures ouvragées (1). Le tout est flanqué de deux tours fort hautes, d'une structure différente et qui rivalisent de beauté. Au lieu d'être comprises, comme ailleurs, dans la façade, elles sont élevées à chaque côté des trois portes, donnant un air dégagé et formant un digne complément à ce splendide ouvrage. On reste devant saisi d'admiration et, la critique, bien qu'elle pût avoir l'idée de s'exercer sur les détails, se voit forcée au silence.

Cependant, si nous voulons jouir du coucher du soleil, il n'y a pas de temps à perdre. Nous montons donc à la tour du Nord, appelée tour de Saint-Romain ; malheureusement, il se fait un peu tard. Pourtant, nous sommes encore en mesure d'avoir une vue intéressante de la ville placée sous nos pieds : pouvais-je d'ailleurs rencontrer un meilleur guide que mon compagnon de voyage ? Au-dessous de nous, se dresse aussi l'immense vaisseau de la grande église, que je ne puis voir encore dans toutes ses proportions.

(1) C'est en cela, je suppose, que consiste surtout la supériorité de l'architecture occidentale sur celle de l'Orient, par exemple sur celle de l'Inde. Ce qu'on peut observer en comparant les tours des Pagodes de Madura et de Tandjaour, travaillées si merveilleusement, avec un semblable ouvrage composant l'entrée principale de la métropole de Rouen.

Mais s'il est permis de critiquer ce majestueux édifice, j'oserai signaler ici se qui me paraît une imperfection : les deux portails latéraux du Nord et du Sud sont accompagnés de tours ajourées par d'immenses lancettes ; ces quatre tours sont certainement d'une grande élégance ; néanmoins, selon moi, elles ne s'harmonisent point avec le reste de l'église.

Après être descendus, nous entrons aussitôt dans le saint lieu. Le soir était venu et l'intérieur se montrait sombre et obscur ; toutefois, on pouvait encore voir la longue file des énormes colonnes et au loin, à l'extrémité, brillait la lueur éclatante qui marquait la présence du Saint des Saints. C'était le seul signe de vie qui semblait se manifester, excepté peut-être, quelque personne se retirant sans bruit le long de l'immense nef. Il ne faut pas s'étonner que les Anglicans nous envient nos églises, puisqu'il est vrai qu'on y trouve véritablement ce qui les fait appeler la Maison de Dieu. Le Sauveur y demeure en effet journellement, caché et silencieux, et c'est sa présence qui élève ainsi à une haute dignité nos plus humbles sanctuaires.

Mais en ce noble Temple, indigne cependant par lui-même d'être l'habitation de la Majesté divine, nous pouvons, selon les appréciations humaines, nous réjouir de posséder un tel édifice, où Jésus-Christ veut bien établir sa résidence dans son sacrement adorable. Et ce maître-autel qui semble dépourvu de tout ornement superflu, ce chœur offrant le même caractère de simplicité, ces arcades étroites autour de l'abside, ces piliers rapprochés, tout cet ensemble d'un admirable effet, donnent de la grandeur et de la magnificence à ce couronnement de la partie principale.

L'abbé me conduit dans le chœur et pour quelques instants je m'assieds dans une des stalles. Je ne puis alors me défendre d'une pensée de regret vers l'époque où ce chœur majestueux était occupé par un nombreux Chapitre chantant nuit et jour l'office divin. Cependant, nous n'avons pas le temps de demeurer. L'abbé me mène alors dans les sacristies, au nombre de trois ou quatre, pour l'Archevêque, pour les Chanoines et autres membres du Clergé.

Un héureux hasard nous conduit justement à point pour

examiner la Châsse de Saint-Romain, le Pontife et le patron de la Cité. Cette Châsse connue à Roueu sous le nom de *Fierte* est nouvellement revenue de Paris, où elle a été envoyée pour être réparée et d'où elle arrive en parfait état. Mon ami détache avec soin les enveloppes qui la recouvrent. Cette belle pièce, ouvrage du XIVe siècle, dorée partout, a en quelque sorte la forme d'un coffre ou plutôt d'une petite chapelle gothique. Sur les côtés sont rangées des statuettes occupant de gracieuses niches, les intervalles sont ouvragés et le tout est surmonté par l'effigie de Saint-Romain domptant le Dragon. Je pense que ce beau reliquaire peut avoir deux pieds et demi de long, autant en hauteur, sur un pied de large. La statuette du saint s'élève probablement d'un pied environ au-dessus. Comment ce précieux morceau de l'art ancien a-t-il survécu à la Révolution, je l'ignore ; mais on peut dire qu'il est parfaitement conservé.

Nous laissons bientôt les sacristies et, en passant par la grande nef, nous admirons la rosace occidentale, laquelle pourtant ne donne qu'une lumière imparfaite, car il est plus de huit heures et demie. Sortant alors de l'église par l'entrée Nord du grand portail, nous traversons la place antérieure pour jouir d'une autre vue et la meilleure de cet édifice.

La tour du Sud, la plus belle des deux, monument du XVe siècle, est connue sous le nom de Tour-de-Beurre, parce qu'elle fut bâtie au moyen des deniers recueillis pour obtenir la permission de manger du beurre en Carême (1). C'était cette tour qui renfermait l'immense cloche, du poids de quarante mille livres, donnée par le grand Cardinal d'Amboise, Archevêque de Rouen ; ce qui faisait appeler cette cloche : Georges d'Amboise. Une telle cloche était trop digne d'envie pour que la Révolution l'épargnât : actuellement, la tour est vide.

Nous nous mettons en marche pour continuer notre circuit

(1) La tour du Nord à la Cathédrale de Bourges porte le même nom, pour semblable raison. *Voyages Liturgiques*, in-8°, 1718, p. 382. — J.-J. Bourassé, *Les Cathédrales de France*, in-4°, 1843, p. 519.

autour de la Cathédrale, trop encombrée par les maisons et les constructions adjacentes. Nous nous arrêtons devant le grand portail du Sud, dont l'issue est profondément enfoncée sous de charmants détails et dont les riches sculptures défient toute description. A droite et à gauche s'élèvent ces deux tours percées de lancettes dont j'ai parlé précédemment. Assurément ce portail latéral pourrait servir de principale entrée à plus d'une Cathédrale.

Nous faisons halte peu après devant le palais archiépiscopal. Son entrée, de lourde construction, se rattache, selon moi, au commencement du siècle dernier. Quelques mots dits au portier nous donnent accès. Une vaste étendue circulaire, environnée d'orangers dans des caisses en bois, occupe la devanture du principal bâtiment ; à droite, est le jardin, tenu à l'ancienne mode et qu'enferment des dépendances et des galeries ; sur la gauche, domine le chœur de la Cathédrale, avec laquelle ce palais communique. Véritablement, Lambeth (1) devient peu de chose en comparaison de cette demeure princière du Primat de Normandie.

Nous longeons ensuite les murailles du palais archiépiscopal lequel, au dehors de son enceinte, a toute l'apparence d'une forteresse. Par une rue étroite, nous arrivons jusqu'au grand portail du Nord de la Cathédrale. Ce portail est précédé d'une cour fermant sur la rue ; mais, le portier est sorti. Nous frappons vigoureusement et, à la fin, l'attention d'un voisin étant attirée, on nous procure la clef pour entrer, ce que nous faisons en compagnie d'un Chanoine qui a justement rencontré mon ami (2). Ce portail ressemble quelque peu dans son genre à celui du Sud ; néanmoins, il est encore plus riche en ses merveilleux détails.

Le bâtiment qui occupe la droite de cette magnifique entrée a contenu la bibliothèque du Chapitre. Les volumes qui s'y étaient accumulés pendant plusieurs siècles furent ou détruits ou dispersés. Pendant l'époque qui s'est écoulée

(1) Lambeth est le palais des Archev. de Cantorbéry, à Londres. *N. D. T.*

(2) Ce Chanoine était M. l'abbé Dicquemare, de la famille du savant naturaliste Havrais, l'abbé J.-F. Dicquemare, mort en 1789. *N. D. T.*

depuis le rétablissement du culte, le Chapitre s'est efforcé de faire de son mieux pour réparer les pertes du passé; pourtant cette grande pièce, me dit-on, est vide : la bibliothèque étant placée ailleurs (1).

Nous prenons par quelques détours, montant et descendant jusqu'à ce que nous nous trouvions dans une cour qui nous fait achever notre circuit ; mais il fait trop sombre pour se livrer à un examen de quelque intérêt ; nous sommes pris par la nuit, car en effet, la nuit est venue. Dans la direction de la tour Saint-Romain, nous arrivons à une entrée conduisant à cette même enceinte cachée par les maisons ; là, se trouvait anciennement le cloître, duquel il reste peu de vestiges. Il est étrange qu'en France ces cloîtres voisins des Cathédrales ont été presque tous démolis et, c'est sous ce rapport, que l'Angleterre est de beaucoup supérieure à la France : il suffit de citer les cloîtres de Westminster, de Salisbury, de Gloucester.

Ici, nous avons une excellente vue du côté Nord de l'église. Les grandes fenêtres garnies de leur meneaux effilés, sans aucune sorte de traverse en pierre, pour interrompre leur gracieux effet, appartiennent à ce style que nous appelons perpendiculaire ; elles sont d'une parfaite élégance. Il semble que la lumière qu'elles sont destinées à porter dans le vaisseau est trop amoindrie par le voisinage des maisons ; aussi, faisons-nous des vœux pour que bientôt la Métropole et l'Archevêché soient totalement libres et débarrassés de cet entourage.

Nous disons adieu à M. le Chanoine et nous nous occupons de chercher le moyen de prendre un petit repas. Auparavant une fois de plus, j'examine le grand portail de cette majestueuse Cathédrale ; c'est comme un ouvrage en dentelles qui s'étend du haut en bas dans les détails de la plus merveilleuse sculpture. Vraiment, la patience et le soin employés par les ouvriers du moyen-âge dans leurs admirables travaux, a quelque chose d'étonnant. Ils ne connaissaient pas le fer fondu en ce temps-là.

(1) La bibliothèque de l'archevêché est toujours considérable et mériterait d'être mieux connue. *N. D. T.*

Cependant, la faim réclamant ses droits, nous découvrons un restaurant non loin de la Cathédrale et bientôt nous faisons honneur à nos mets. Ensuite, nous cherchons un logement pour la nuit. L'hôtel où descend mon ami quand il vient à Rouen, est situé au haut de la ville, sur un des boulevards. Nous nous dirigeons de ce côté, tout en causant de Rouen, de son histoire et de ses anciennes coutumes. Il était près d'onze heures quand nous arrivâmes à l'hôtel qui allait se fermer. Heureusement nous nous présentions encore à temps, car on était sur le point de se mettre au lit. Un mot faisant reconnaître mon compagnon de voyage on nous admit à l'instant et nous fûmes conduits sans délai à nos chambres. Bientôt, je m'ensevelis dans un profond sommeil, duquel je sortis le matin suivant, entièrement refait.

HUITIÈME JOUR.

Eglise Saint-Romain. — L'abbé Loth. — Chasuble. — Tombeau du Saint. — Fonts. — Déjeuner. — Mémoire infidèle. — Saint Godard. — Saint-Laurent. — Saint-Ouen. — Les Bénédictins. — L'Abbaye. — Escalier. — Cellules. — Autre escalier. — Galeries. — Extérieur de Saint-Ouen. — Incomparable intérieur. — Pauvre Westminster — Reliques de Saint-Ouen. — Encore la Cathédrale. — Chapelle de la Vierge. — Tombes. — Critique. — Une visite. — Une tour. — Saint-Vincent. — Hôtel du Bourg-Theroulde. — Une autre église. — Saint-Patrice. — Le Saint. — Vitraux peints. — Le chœur. — Réserve du Saint-Sacrement. — Tour de Jeanne-Darc. — Chez l'abbé Loth. — Chapelle. — Est-ce bien ou mal ? — Dîner. — Grand Séminaire. — Chapelle. — Réminiscences. — Saint-Nicaise. — Saint-Vivien. — Appréciations. — Musée. — Dégoût. — Les anciennes Gravelines. — Oubli. — Souvenirs. — Saint-Maclou. — Admiration. — Un Murillo. — Le Parlement. — Sept in-8°. — Salle des Pas-Perdus. — Rencontre. — Adieu. — Voyage en famille. — A Dieppe. — La campagne. — Martin-Eglise. — Souper et sortie. — Le lit.

Nous sommes au *Vendredi 11 Juin*, jour de Saint-Barnabé. Selon la coutume de Martin-Eglise, mon ami ne manque pas de m'appeler à sept heures. A huit heures mon déjeuner était terminé et, de compagnie, nous laissons la maison pour nous rendre en peu de temps à l'église Saint-Romain, où mon abbé célèbre la Messe quand il vient à Rouen.

Cette église est une construction du XVIIe siècle, qui appartint autrefois aux Carmes déchaussés : actuellement elle sert de paroisse, L'intérieur est d'une apparence brillamment décorée, à la manière des églises de Naples, si j'en juge par les gravures que j'ai vues de ce pays. Des murailles bien blanches, grand nombre de peintures, beaucoup d'ornementations, des lustres suspendus et le reste à l'avenant. Sans doute on a fait pour le mieux, n'ayant point la prétention de créer un modèle. J'ajoute volontiers que le tout est bien tenu. L'orgue me paraît pourtant singulièrement installé derrière le maître-autel.

Je prends place dans la nef pendant que mon ami se rend à la sacristie. Justement, on commence à célébrer une Messe et, aussitôt qu'elle est finie, l'abbé Malais dit la sienne. Cette célébration a lieu à l'autel de la Vierge, au côté gauche de l'église.

Quand la Messe est terminée et que mon ami a déposé les vêtements sacrés, il vient me chercher pour me présenter à l'abbé Loth, un des vicaires (1) qui doit me servir de guide pendant que lui-même achèvera ses dévotions. L'abbé Loth, qui est l'amabilité personnifiée, me montre les objets précieux que renferme la sacristie, parmi lesquels je distingue la chasuble ayant servi à l'instant même à mon ami. Cet ornement date, selon moi du XVIIe siècle. Le fond est de velours rouge, les dessins qui s'y remarquent sont en or fin, le tout travaillé avec une grande richesse et parfaitement conservé.

Vient ensuite le tombeau de Saint-Romain, curieux monument, lequel, après être resté plus de onze siècles à Saint-Godard, a été transféré en cette église à la suite de la Révolution (2). Cette vénérable relique est placée sous le grand autel, mais au grand regret des visiteurs, elle n'est visible qu'à travers un treillis ouvragé qui décore la devanture.

Les fonts baptismaux ne sont pas moins dignes de remarque. C'est une pièce du XVIe siècle, en bois sculpté, offrant des sujets tirés de la vie et de la passion de Notre-Seigneur. Cet excellent morceau a cependant souffert de fâcheuses mutila-

(1) Cet ecclésiastique est actuellement professeur d'éloquence sacrée à la Faculté de théologie de Rouen. *N. D. T.*

(2) On voit encore actuellement dans l'église Saint-Godard, la crypte où reposa ce tombeau ; mais cette paroisse n'ayant pas été rendue au culte dès le Concordat de 1801, l'église Saint-Romain, s'est enrichie du tombeau de son patron qu'elle n'a pas rendu. *N. D. T.*

tions et, comme toujours, les têtes semblent avoir plus que tout autre chose provoqué la haine des iconoclastes (1).

L'abbé Malais vient nous rejoindre et nous laissons l'église; mais nous ne nous séparons pas de l'abbé Loth qu'il ne nous ait fait promettre de venir dîner chez lui à midi. Alors, mon ami s'empresse d'aller prendre un petit déjeuner, étant encore à jeun jusqu'à ce moment. Ensuite nous dressons, ou plutôt lui seul dresse un plan pour utiliser la journée. Comme nous ne trouvons pas de voiture à la station qui nous avoisine, nous nous mettons en route à pied, espérant rencontrer en chemin ce que nous cherchons.

Au moment où j'écris, trois mois se sont écoulés depuis ma visite et, puisque je n'ai pris aucune note sur le moment, il faut que je m'en rapporte entièrement à ma mémoire. Elle m'a servi fidèlement jusqu'à présent; mais je doute que je puisse compter sur elle aussi bien, en ce qui concerne une journée employée à tout voir et si rapidement. Je ferai pourtant de mon mieux. Le but de mon cher ami était de me montrer le plus de choses possibles dans le peu de temps que nous avions à dépenser; ainsi, ne pouvant rien voir en détail et à fond, nous devions nous contenter d'une vue générale de ce qui paraissait digne d'attention dans l'espérance, c'est bien ma pensée, de compléter à quelque jour cette visite par une autre plus approfondie.

Notre première station fut à l'église Saint-Godard, où se gardèrent les restes de Saint-Romain pendant plus de quatre siècles et où son tombeau fut conservé encore sept siècles plus tard. La gloire de l'église Saint-Godard, comme celle de plusieurs autres dans cette grande cité, sont les vitraux peints dont chaque fenêtre est garnie (2). Nous ne faisons

(1) L'église Saint-Romain, autrefois chapelle des Carmes déchaussés, n'avait pas de fonts baptismaux; ces fonts remarquables, d'une époque antérieure à l'église, viennent de Saint-Etienne-des-Tonneliers, paroisse supprimée. *Voyages liturgiques*, p. 411. *N. D. T.*

(2) Les vitraux de Saint-Godard ont un si grand renom dans la ville de Rouen, surtout quant à la couleur rouge, qu'on a coutume de dire pour vanter le vin : « Il est de la couleur des vitres de Saint-Godard. » D'autres dictons étaient attribués à plusieurs paroisses de la même ville. Ainsi,

qu'un circuit fort rapide en examinant ; malheureusement une des plus belles fenêtres orientales était en réparation et privée alors de ses verrières.

Nous nous dirigeons ensuite sur Saint-Ouen, examinant sur notre chemin l'extérieur de l'église Saint-Laurent, actuellement supprimée pour le culte. C'est pitié de voir les tristes usages auxquels est abandonné ce monument important et d'un gothique remarquable. Après un coup-d'œil, nous nous hâtons vers l'objet de notre curiosité, je veux dire surtout de ma propre curiosité. La rue de l'Hôtel-de-Ville nous conduit tout droit sur la grande place où domine l'église Saint-Ouen. Hélas ! que ne peut-on plus dire l'abbaye de Saint-Ouen ?

Et cet énorme et splendide édifice, plus que rival de la Métropole, comme Saint-Remi l'est à Rheims, fut simplement l'église d'une maison religieuse. Les hommes du jour ne nous parlent que de grandes choses que doivent perfectionner les partisans et les chefs de nouvelles doctrines ; il y a plus que des paroles : les actes, les tendances poussent vers un avenir quelconque. O vous, Bénédictins, hommes de la vieille foi, tout en gardant le silence, le doigt placé sur les lèvres, vous dites hautement après tant de siècles et par vos œuvres, quelle sorte d'hommes vous fûtes ! En civilisant la moitié du Continent, en introduisant parmi des nations demi-barbares l'art de l'agriculture, en alimentant l'étude des lettres, vous n'aviez qu'un but, et ces incidents vous conduisaient à votre grand ouvrage, l'ouvrage qui consistait à semer la parole de Dieu dans le cœur des hommes. Le Nord, l'Allemagne et en premier lieu notre chère Angleterre doivent

pour caractériser la froideur de quelqu'un, on disait : « Il est froid comme la corde du puits de Saint-Eloi. » Et pour signaler un pauvre hère dépourvu de ressources, on répète encore : « Il est désargenté comme le Crucifix de Saint-Gervais. » Enfin, on fait quelquefois ce mauvais calembourg sur le *chœur* élevé de Saint-Nicaise. « Il a le *cœur* haut, mais la fortune basse » ; ce qui s'applique à celui dont la bourse ne répond pas aux prétentions qu'il affiche. Farin, *Histoire de Rouen*, in-4°, tome II, 4e partie, p. 134 et 104. — Jules Thieury, *Saint-Gervais de Rouen*, in-8°, 1839, p. 102. *N. D. T.*

reconnaître votre apostolat : *Nàm signaculum apostolatûs vestri nos sumus in Domino* (1). Pour nous Anglais, l'arrivée des religieux est le commencement de notre histoire, l'origine de notre vie nationale (2). Il est triste de penser que les restes épars de ces glorieux édifices dont les moines avaient couvert tout notre pays, soient à l'usage actuellement d'une Eglise étrangère. Ici au moins, à Saint-Ouen, l'ancienne foi, toujours vivante, conserve encore sa place.

Avant d'entrer dans l'église, mon ami me mène dans les bâtiments de l'ancienne Abbaye servant à présent d'Hôtel-de-Ville, de Musée et autre chose encore que je ne saurais dire. Au commencement du dernier siècle, les moines bâtirent l'édifice actuel, véritable palais par son étendue. Les autres dépendances qui occupaient le reste de l'enceinte ont disparu depuis assez longtemps. Maintenant le bâtiment subsistant forme un des côtés de la plus belle place de Rouen, au milieu de laquelle se trouve une statue de Napoléon Ier, que mon ami a salué en passant d'un geste significatif.

Nous entrons. A droite du grand vestibule se voit un des escaliers imposants dont cet édifice se glorifie. Construit entièrement en pierre de taille, il s'élance en plans superposés comme ferait un pont hardi et conduit à des corridors vastes et élevés sur un côté desquels règnent les anciennes cellules. Actuellement, ces diverses pièces sont affectées à M. le Maire, à MM. les Adjoints et à une foule d'autres notabilités municipales et départementales.

A l'extrémité Sud des corridors nous arrivons sur l'autre escalier, lequel, bien qu'il ne soit pas aussi imposant que le premier est d'une construction encore plus admirable. Il est également en pierre et d'une fort belle largeur. Pour supporter les galeries et les marches qui accèdent en tournant, cet escalier sort tout-à-fait de la muraille, sans être appuyé

(1) Nous reconnaissons devant le Seigneur que nous sommes les fruits de votre apostolat, 1re épître aux Corinthiens, IX. 2.

(2) M. J.-M. Kemble, dans l'introduction du 1er volume de son excellent *Codex diplomaticus Ævi Saxonici*, a fait quelques bonnes remarques sur ce point.

d'aucune manière apparente ; aussi, ne puis-je m'empêcher de trouver incomparable la partie voûtée qui fait angle pour soutenir le tout.

Nous n'avions pas le temps d'examiner les tableaux et les statues placés partout autour de nous. Malheureusement, la bibliothèque publique n'était pas ouverte ; le Musée de peinture était également fermé, à cause d'une Exposition de modèles et de plans pour un monument destiné au dernier Maire de la ville. Cependant, quelques mots dits par l'abbé mon ami nous obtiennent l'entrée ; alors nous pouvons jeter un coup-d'œil en parcourant les salles ; après quoi, nous prenons notre chemin dans la direction du Nord de l'Abbaye où se trouve un jardin public.

Là, nous avons une excellente vue du chœur. Puis, nous tournons vers le Sud de l'église, laquelle est de ce côté parfaitement libre et dégagée dans toute sa longueur de quelque cinq cents pieds anglais. Saint-Ouen n'a pas toutefois un grand portail qui puisse se comparer à la Cathédrale ; d'ailleurs, ce portail est moderne et, quoique méritant des éloges, il n'est pas entièrement louable, les porches étant particulièrement dignes de critique. En compensation, le côté Sud de Saint-Ouen est sans pareil , aussi riche assurément que la Cathédrale, cette partie, il faut le reconnaître, est plus élégante et de meilleur goût. Nous devons rendre hommage à la Métropole comme à la mère-église de ce grand diocèse ; mais, comme édifice, Saint-Ouen est incontestablement supérieur. Je veux dire le tout en deux mots : Saint-Ouen à lui seul vaut le voyage.

Rien ne peut s'imaginer de plus beau que l'intérieur. Qu'on se figure une église plus longue, plus large, plus haute que notre Abbaye de Westminster, du meilleur style ogival que nous appelons *décoré*, avec cette différence que les fenêtres et les arcades au lieu d'avoir des dimensions trop basses comme chez nous, s'élancent ici avec une gracieuse majesté ; ajoutez encore une admirable rosace à l'extrémité de la nef principale ; joignez à cela les accessoires du culte catholique ; en résumé, supposez Westminster plus magnifique et plus noble sous tous les rapports, vous pourrez alors vous faire une idée de Saint-Ouen. Et Westminster ne doit ressentir aucun affront d'être ainsi totalement surpassé.

Naturellement, je me mis comme tous les touristes à regarder dans le bénitier, où se reflète l'église dans toute son étendue; il va sans dire que nous fîmes le tour de ce magnifique vaisseau et que même nous pénétrâmes dans la chapelle de la Vierge, alors en restauration, sans que j'aie pu apprécier ses détails. J'avais parcouru déjà toute la longueur de la basilique sous le charme d'une impression indicible, quand j'appris que j'étais tout près des reliques du grand Saint sous le nom duquel l'église est dédiée, et qui, après douze siècles, repose toujours au-dessus du maître-autel (1). Ce fut pour moi un fait des plus frappants lequel sembla pénétrer vivement et profondément dans mon esprit. J'en tirai de suite les conséquences et que pouvaient-elles être, sinon de m'approcher davantage de ces précieux restes, demandant au Saint ses prières et son appui pour nous et les nôtres? Quel bonheur de posséder ainsi les témoignages vivants des Saints de son pays, de les vénérer, de les honorer dans leurs propres demeures, au milieu de leur peuple fidèle! C'est ce qui n'a guère lieu parmi nous.... Puissent les noms et les actions de nos Saints Anglais s'imprimer plus fortement dans nos cœurs et dans nos esprits?

En laissant Saint-Ouen, le premier soin de mon cher abbé était de prendre une voiture. Notre station fut d'abord pour la Cathédrale que nous n'avions pu voir au grand jour. A cause de l'Octave de la Fête-Dieu, les colonnes de la nef étaient environnées de tapisseries, ouvrage du XVIIe siècle, d'une grande valeur, qui fort heureusement a survécu à la Révolution, et qui plus est, appartient encore à l'église.

A l'entrée du chœur, je remarque le Jubé *classique* en marbre blanc qu'on érigea sous le Cardinal de la Rochefoucauld (2). En raison du style de la Métropole, ce monument, beau en lui-même, est encore de plus mauvais goût que celui

(1) La belle châsse moderne qui renferme ces reliques a figuré à l'Exposition de Londres en 1862. *N. D. T.*

(2) L'abbé Malais, *Calendrier Normand et Analectes*, p. 253.

de Westminster, quoique certainement beaucoup plus somptueux. Dans le transept du Nord, l'élégant escalier gothique qui conduit à la bibliothèque mérite mieux l'attention.

Le soir précédent, le jour était trop avancé pour nous permettre de voir ce que contient la chapelle de la Vierge à l'extrémité orientale du vaisseau. Nous nous y rendons : car les tombeaux qu'elle renferme sont de vrais chefs-d'œuvre. Pourtant je n'ai des yeux que pour celui des deux Cardinaux d'Amboise, oncle et neveu, successivement Archevêques de Rouen, à la fin du XVe siècle et au commencement du XVIe. Le monument est de grandes proportions, bien qu'entièrement, d'albâtre et de marbre. C'est un assemblage de sculptures, de figures, d'écussons, de dentelures, un ouvrage enfin d'une richesse et d'une splendeur achevées. Sur le sarcophage en marbre noir sont agenouillés les deux prélats en albâtre (1), de grandeur plus que naturelle. L'effigie la plus rapprochée de l'autel est largement drapée : c'est celle du grand ministre, le Wolsey français. Il semble dédaigner majestueusement tout visiteur, fixant ses regards devant lui et formant contraste avec le neveu qui accomplit ses dévotions ayant un œil sur les spectateurs. Je ne vois ici qu'un inconvénient, c'est que cette chapelle, pourtant spacieuse, n'est pas assez vaste pour permettre de juger complètement ce noble monument. Mon attention est ensuite attirée par le tombeau du Cardinal Prince de Croy, placé justement vis-à-vis celui des d'Amboise.

Avant de dire adieu à la Cathédrale, je me permettrai de signaler deux imperfections. La partie supérieure aux colonnes de la grande nef, ce que nous appelons chez nous *clerestory*, ne me paraît pas bien conçue ni agréable à l'œil et la voûte de cette nef me semble trop nue et trop simple pour mes regards. Il est vrai que peu d'églises peuvent se vanter d'une voûte aussi richement travaillée que celle d'Exeter, laquelle pour moi est un modèle du meilleur effet.

Ce fut ensuite l'intention de l'abbé de rendre visite à

(1) Il paraît que l'effigie de l'oncle est en albâtre et celle du neveu en marbre. A. Deville, *Tombeaux de la Cathédrale de Rouen*, p. 85-86. *N. D. T.*

M. Delahaye, un des grands-vicaires de l'Archevêque, qui demeure tout près. J'attendis peu de minutes dans l'antichambre pendant que mon ami dit quelques mots à M. Delahaye, auquel je fus alors présenté. C'est une circonstance singulière qui me procura cet avantage. Peu de temps auparavant, j'avais acheté à la vente de M. Petit un exemplaire du rare ouvrage de Ciampini, les *Vetera Monimenta* avec un autre de *Sacris ædificiis* etc. En examinant un des volumes, je trouvai que les planches ayant été mal numérotées à la table, l'une d'elles semblait me manquer. A cette occasion, je fis mention de l'affaire à l'abbé Malais, auquel j'écrivais alors et lui, sachant que M. Delahaye était un amateur de tels livres, s'informa près de cet ecclésiastique au sujet de la planche en question. Naturellement, cette circonstance nous conduisait à faire notre visite, puisque j'avais appris par ce moyen que l'exemplaire de M. Delahaye était tout semblable au mien ; mais de plus, je sus qu'avant de faire son acquisition, M. le Grand-Vicaire s'était assuré que le bel exemplaire de la bibliothèque impériale à Paris ne contenait pas la planche LV.

Comme partout, pendant mon séjour en Normandie, grâce à mon excellent hôte, je fus reçu également ici avec la plus grande bienveillance. Avant notre départ, M. Delahaye me remit entre les mains une liste manuscrite d'ouvrages rares qu'il faut saisir dès qu'on les trouve : cette liste lui avait été donnée par le libraire de Paris duquel il avait acheté Ciampini.

Une fois de plus nous nous remettons en route, nous dirigeant sur Saint-Vincent. En passant, j'eus tout juste un coup-d'œil pour la tour de Saint-André, rue de l'Impératrice. C'est le seul reste d'une église démolie, à laquelle si je ne me trompe, a été consacré un opuscule bien illustré et rédigé par un savant antiquaire de Rouen : opuscule que j'ai vu dans la bibliothèque curiale de Martin-Eglise (1).

De Saint-Vincent, je me souviens de son très-joli porche du Sud ; mais pour l'aspect général de l'intérieur, il a échappé totalement à ma pensée. Laissant Saint-Vincent, nous allons

(1) E. de la Quérière, *Saint-André de la ville*, 1862, in-4o. *N. D. T.*

à l'hôtel du Bourg-Theroulde, sur la place de la Pucelle, où se trouve le monument mesquin de Jeanne-Darc.

Cette maison du Bourg-Theroulde est une vraie merveille. En entrant dans la cour, on trouve tout l'extérieur des murailles chargé d'une masse de figures en relief représentant le Champ du drap d'or. Quelle idée a donc pu avoir le sculpteur de prodiguer ainsi son art, en exposant un tel travail au ravage des éléments? Et je n'oserai dire ensuite combien je m'étonne qu'une ville comme Rouen laisse en des mains particulières une si fragile merveille (1)!

La mémoire commence à me faire défaut. Entrâmes-nous dans une autre église avant de visiter Saint-Patrice ou non, je ne saurais le dire. Je suis cependant sous l'impression de l'affirmative. C'était il me semble, un large édifice à trois nefs, et bien que toutes les fenêtres fussent garnies de verres peints, le vaisseau n'en était pas moins éclairé, brillant même et de riche apparence. Mais le nom ici, comme plus loin, m'a tout-à-fait échappé (2).

Maintenant, voici Saint-Patrice. Cette église n'est pas dédiée, ainsi qu'on pourrait le supposer, sous le nom de Saint-Patrice, Evêque de Bayeux, en Normandie, au Ve siècle (3); ce qui semblerait assez naturel, puisque Rouen possédait une paroisse de Saint-Vigor, Evêque du même siége (4); mais ici c'est le grand apôtre de l'Irlande qu'on vénère comme patron. Bien plus, soit dit en passant, Saint-Patrice de Bayeux a été supplanté peu à peu dans sa propre ville épiscopale, où l'Evêque Irlandais est devenu le patron de l'église de ce nom à Bayeux.

Les fenêtres enrichies d'anciens vitraux de couleur sont assurément la gloire des églises de Rouen; mais à Saint-

(1) Sur cette curieuse demeure, voir le rare et précieux ouvrage: *Description historique des Maisons de Rouen*, par E. de la Quérière, t. I, p. 174, et t. II, p. 208. *N. D. T.*

(2) Mon jeune savant veut parler ici de nouveau de l'église Saint-Vincent qu'il admira beaucoup. *N. D. T.*

(3) L'abbé Malais, *Calendrier Normand*, p. 19.

(4) L'abbé Malais, *Calendrier Normand*, p. 73 et 182.

Patrice en particulier ces vitraux surpassent tous les autres, j'ose dire en Normandie et presque partout. Les couleurs en sont actuellement aussi fraîches et aussi éclatantes que si les panneaux sortaient du fourneau qui les a produits. La fenêtre de l'Ouest dans l'aîle de l'Evangile excita spécialement mon admiration : il faut voir la merveilleuse richesse des teintes pour s'en former une idée. Il y a une sorte d'éclat dans le rouge qui rappelle le brillant du rubis.

Le chœur, comme dans beaucoup d'églises de ce pays est fort grand, tandis que par comparaison la nef est courte. La raison en est simple : chaque paroisse était envieuse d'imiter la Cathédrale et Saint-Ouen, sinon en tout, au moins dans l'étendue et l'élévation du chœur (1). Cette partie de l'église se termina avec succès, mais souvent les fonds manquèrent pour achever la nef sur le même pied, et l'œuvre fut ainsi imparfaite. J'ai eu occasion de faire la même remarque à Arques, et je trouverai encore à noter semblable observation.

Dans cette église, comme dans plusieurs autres à Rouen (2), furent conservées les saintes hosties dans un vase, peut-être dans une colombe d'argent, suspendus de la voûte, selon

(1) Les chœurs spacieux avaient aussi leur raison d'être dans le nombreux clergé qui les occupait. Quatre églises paroissiales de Rouen ont eu jusqu'à près de cent ecclésiastiques ; d'autres, quarante, trente ou vingt. *Voyages liturgiques*, p. 319, 414, 415. *N. D. T.*

(2) Le Rituel de Rouen, imprimé en 1844, suppose comme les éditions de 1739 et de 1771, que la sainte réserve pourra être suspendue au-dessus de l'autel. « *Ut autem decenter asservetur Panis Eucharisticus, vel suspendatur Ciborium in quo reconditur super altare majus...* » (page 82). Aussi, est-il resté partout des traces de cette coutume dans le diocèse, qu'on a connue à Fécamp, à Cany, à Neuville près Dieppe, à Saint-Vivien de Rouen et à Saint-Maclou de la même ville. Dans cette dernière église se remarque encore la *gloire* au milieu de laquelle s'élève le Saint-Sacrement : elle domine le maître-autel ; d'un côté se voit l'image de Saint-Pierre implorant son pardon, de l'autre est celle de Saint-Maclou montrant la divine Eucharistie, comme la source des miséricordes. Farin, *Hist. de Rouen*, in-4°, tome II, 4e partie, p. 163. — Ouin-Lacroix, *Histoire de Saint-Maclou de Rouen*, p. 60. — L'abbé Cochet, *Les Eglises de l'arrondissement d'Yvetot*, tome I, p. 160. — C. Leber, *Des cérémonies du Sacre*.

l'ancienne coutume presque générale, avant l'introduction des tabernacles, qui sont venus d'Italie, il y a tout au plus trois siècles (1).

Nous n'avons plus pour le moment qu'à prendre le chemin de la demeure de l'abbé Loth, située je crois, au faubourg Bouvreuil. Non loin de Saint-Patrice nous passons près la vieille tour, dite de Jeanne-Darc, dans laquelle cette héroïne fut emprisonnée ou subit plusieurs interrogatoires. Cette tour, seul reste de l'ancien Château, se trouve actuellement dans l'enceinte d'un des grands couvents d'Ursulines de Rouen. Je crains pourtant que ces religieuses ne soient guère satisfaites de posséder ce précieux monument d'antiquité historique. Il pourra leur en survenir du désagrément.

Après un parcours, selon moi, assez considérable, nous arrivons chez l'abbé Loth, où nous recevons l'accueil le plus cordial. Nous ne pouvons nous empêcher d'admirer les belles gravures qu'il est assez heureux de posséder et dont il a su faire choix.

On nous fait voir la chapelle provisoire, élevée tout près, pour servir d'annexe à Saint-Romain et dont l'abbé Loth est chargé. La statue de Saint-Joseph placée immédiatement au-dessus de l'autel principal, contrairement aux anciennes coutumes, attire la critique de l'abbé Malais ; mais tandis qu'on argumente sur ce point, nous sommes rejoints par le père et un jeune frère de notre hôte.

Bientôt le dîner est annoncé. Le temps s'écoule rapidement, au milieu d'une conversation animée et la voiture que mon

in-8o 1825, p. 439. — Rien n'est plus magnifique que la *Suspension*, toujours usitée à la Cathédrale d'Amiens. — En ce qui concerne les ciboires en forme de colombe, il faut voir : *Essai historique et liturgique sur les ciboires*, par l'abbé Jules Corblet. p. 51. *N. D. T.*

(1) Voir une note de Paquot à la page 493 de l'*Hist. SS. Imag.* de Molanus, à laquelle j'ai ajouté en marge de mon exemplaire : « Et anciennement à Bobio, (Mabilloo, *Iter Italicum*, p. 217, in vol. I, *Mus. Ital.*) à Grandmont, à Chézy, Abbaye du diocèse de Soissons, etc. (Martène, *de Antiq. Eccl. ritibus*, édit. 1763, vol. I, p. 252), et à Exeter, (*Lacy's Pontifical*. in-8o, Exeter, 1847, p. 297 . »

ami a eu soin de retenir semble venir trop tôt à la porte. Néanmoins, il n'y a pas lieu d'attendre ; notre séjour dans la grande cité devant être si court, il nous faut en conséquence reprendre notre marche. En nous séparant, notre hôte promet de nous rejoindre au Musée d'antiquités peu après trois heures.

Notre première visite cette fois, fut pour le grand séminaire, où mon ami souhaitait voir un élève de sa paroisse de Martin-Eglise. Le séminaire n'est pas éloigné de l'autre couvent d'Ursulines, ni du second monastère de la Visitation. Il confine également avec les religieuses de Saint-Joseph. A la porte, nous trouvons une petite difficulté pour être admis. Passant par une première cour, l'abbé Malais me fait voir d'abord une sorte de salle d'attente ou de parloir, ornée de plusieurs portraits. Parmi ces toiles, j'ai remarqué particulièrement les portraits du Cardinal de Croy et de l'abbé Gossier, originaire de Dieppe, dont la mémoire est en bénédiction dans les nobles familles de Plunket, de Petre et d'Arundell, et que j'ai appris à connaître par la notice du docteur Oliver (1).

Le séminaire occupe deux côtés d'une grande cour avec un ou deux édifices moins élevés servant de dépendances. Une partie du troisième côté de la cour est remplie par la chapelle ; sur le quatrième côté est une belle vue ouverte, car l'établissement est placé dans un quartier dominant la ville. Vers le milieu de la cour se voit une avenue de tilleuls. Comme il était alors l'heure des études de chacun en particulier, nous pûmes traverser les diverses salles destinées aux cours et le réfectoire ; puis, montant les escaliers, nous parcourûmes les longs corridors, à chaque côté desquels se trouvent les cellules des étudiants. Les traces profondes de contusion qui se voient sur les portes des cellules attirèrent particulièrement mon attention ; il paraît que chaque élève était autrefois réveillé le matin par plusieurs coups de maillet frappés vigoureusement : ce dont les planches de la porte donnent un témoignage irréfragable. Je jetai les yeux dans une de ces chambrettes alors vacante ; elle me parut d'un aspect

(1) *Western Collections*, p. 314-15. — *Galerie Dieppoise*, p. 81.

sévère, propre, il faut le dire, à préluder à une vie, sans doute sévère aussi, plusieurs années après.

Nous descendons ensuite et le séminariste se présente. Alors, je me dirige vers la chapelle que je veux examiner ; elle confine avec la salle de récréation. Cette chapelle est un bâtiment spacieux, ayant de chaque côté plusieurs rangs de stalles qui laissent au centre un large passage. Les fenêtres sont toutes garnies de vitres peintes représentant les prophètes et les apôtres.

Pendant qu'il a résidé dans cette maison, l'abbé Malais, qui m'a rejoint avec son protégé, a exercé ici les fonctions de grand-chantre et, en conséquence, je suis conduit à la stalle qui fut la sienne. En outre, mon ami me montre en sortant la cellule qu'il occupa pendant tout le temps de ses études : la fenêtre est au Nord, selon le conseil du savant Huet qui vécut de longues années (1).

Nous disons adieu au jeune séminariste et nous prenons notre route pas plus loin qu'à l'autre côté de la rue, pour voir une église dont le nom m'a échappé, mais qui me semble être Saint-Nicaise. Partout dans cet édifice règne un air de pauvreté et de désolation, tel que j'en ai pas vu de semblable dans les églises de Rouen que j'ai visitées. Le chœur, aussi bien qu'à Saint-Vincent, est d'une grande élévation ; ainsi, le plan trop prétentieux a empêché de terminer pleinement le premier projet.

C'est alors que nous allons, je pense, à Saint-Vivien. Cette

(1) Pierre-Daniel Huet, ancien évêque d'Avranches, mourut âgé de 91 ans. Il a écrit les lignes suivantes : « ..... Je préfère l'exposition au Nord. Voici mes raisons. Tous les orages, les grands vents, les grêles et les pluies violentes viennent du Midi. Les fenêtres qui y sont tournées se trouvent souvent brisées par la tempête. Ces chambres sont des fournaises pendant les chaleurs de l'été et le soleil vous aveugle et vous brûle tout le long de la journée... Aucun de ces défauts ne se trouve dans l'exposition au Nord. Le calme y est toujours ; la fraîcheur s'y trouve en été. On se garantit de la bise et du froid, qui sont partout égaux, en se calfeutrant et se munissant de châssis et de rideaux... » *Huetiana*, ou *Pensées diverses de M. Huet, évêque d'Avranches* (publiées par l'abbé d'Olivet), in-12, 1722, p. 65. *N. D. T.*

8

église est d'une grande largeur et quelque peu sombre pourtant. L'autel avec ses accessoires est un ouvrage magnifique, quoique tout-à-fait déplacé dans un bâtiment gothique. Si je m'en souviens bien, ce monument remarquable a été transporté en ce lieu du couvent supprimé des Cordeliers. Il consiste en plusieurs colonnes de marbre, fort élevées, de l'ordre Corinthien, lesquelles se retirent graduellement, comme pour former une large enceinte ; quant au couronnement, il est dans le goût ordinaire de ces sortes de constructions grecques. L'aile du Sud fut ce qui attira le plus mon attention dans cette église. Les énormes piliers alignés en file, élégants malgré leur grosseur, me rappelèrent beaucoup Exeter, comme les arcades élancées et étroites me semblèrent donner à tout l'ensemble un aspect imposant. En un mot, cette aile, à mon jugement, est digne d'une admiration réelle.

Mais il est temps maintenant de rejoindre l'abbé Loth au Musée, anciennement un des couvents de la Visitation, situé dans la partie haute de la ville. Je ne dois pas oublier en passant la chapelle des Minimes devenue celle des Bénédictines du Saint-Sacrement, ni l'ancien collége des Jésuites, actuellement le lycée, à main droite sur notre chemin.

Nous trouvons l'abbé Loth au Musée, selon sa promesse. Les objets curieux que renferme cet établissement sont disposés surtout dans des galeries autour de l'ancien cloître. Pouvait-on trouver un lieu plus étrange pour établir un Musée ? Un Musée est d'ailleurs pour moi un assemblage de pièces d'un grand intérêt prises séparément, entassées ensemble dans un certain ordre, si vous voulez, mais renfermés comme *des pois dans leur cosse,* ce qui me rappelle plutôt une espèce de désordre. Ainsi, un reliquaire, une verrière, une peinture, un crucifix, ou tout autre objet qu'il vous plaira de citer, est digne de remarque et d'intérêt à sa vraie place ; mais rassemblé avec d'autres choses, pour être exposé en vue, il ne m'offre plus que du dégoût (1). Et surtout,

(1) J'ai peine à expliquer le peu de sympathie de mon ami pour les musées, lorsqu'il goûte si fort les bibliothèques. Pourtant les musées ont bien

qui peut assez réclamer en cette ville de Rouen, contre l'exhibition de la poussière du *cœur-de-lion* de Richard I, comme un objet de curiosité vulgaire ? Je ne trouve pas de paroles assez fortes pour réprouver semblable outrage. Sans doute ma patrie éprouve cette disgrâce, ou par ignorance, ou par indifférence, en permettant une telle injure. Est-ce que notre histoire est devenue déjà comme un vieil almanach qui n'a plus de valeur ?

Je laisse le Musée, n'étant ni satisfait, ni édifié, mais tout bonnement mécontent. Nous tournons alors nos pas, du couvent sécularisé des Visitandines, vers la maison qu'elles occupent maintenant, distante seulement de quelques minutes. Ces couvents de Rouen paraissent tous d'une étendue considérable et celui dont il va être question ne fait pas exception à la règle. Sur la rue, il ne présente qu'une longue ligne de hautes murailles, puis au-dessus de cet enceinte, on distingue les fenêtres uniformes de la sainte maison.

Je m'étonne que beaucoup d'Anglais et même des Anglais catholiques, qui visitent Rouen, oublient en descendant cette rue, qu'ils ont sous les yeux un des refuges destinés aux religieuses de notre nation (1), lesquelles, au temps passé, l'Angleterre, à sa honte, chassa en se glorifiant. Car ce couvent, actuellement aux Visitandines, est en réalité une ancienne maison de Franciscaines anglaises, un rejeton de la maison-mère de Gravelines (2) ; en un mot, ce sont *les Gravelines*, comme il est d'usage de le dire à Rouen, en souvenir de la ville d'où vint ici le premier établissement.

eur raison d'être. Je veux en donner ici deux motifs. Beaucoup d'objets ne sauraient trouver place ailleurs. — D'autres objets, sans les Musées, seraient inconnus du public. — Deux exemples à Rouen, dans ces deux cas : la porte de la maison de Corneille serait abandonnée et perdue, le modèle de l'église Saint-Maclou serait encore confiné au presbytère de la paroisse. — Pas un mot de la belle collection de faïence de Rouen ; c'est, sans doute, un oubli. *N. D. T.*

(1) Voyez ce qui est dit dans Dom Martène, des bénédictines anglaises de Dunkerque et de Bruxelles (*Voyage littéraire*, 1717, p. 187, 201 et 230).

(2) Oliver, *Catholic Collections*, p. 131 et 135 à la fin. — Dodd, *Church history*, vol. III, p. 20.

En entrant dans la cour par la porte-cochère, nous tournons à droite. Une montée de quelques marches nous conduit à la petite chapelle où, pendant presque un siècle et demi, les pauvres exilées pour l'amour de Dieu, chantèrent ses louanges jour et nuit.

A peine sommes-nous agenouillés dans ce modeste sanctuaire, qu'une foule de souvenirs viennent occuper mon esprit. Les pierres qui servent de pavage deviennent elles-mêmes éloquentes : car beaucoup de noms bien connus sont gravés sur ces dalles, c'est Stonor, c'est Strickland et d'autres noms aussi. Il est surtout une inscription dont je me souviens bien : c'est une courte et touchante prière demandant pour l'Angleterre le retour à la foi catholique. J'apprends en outre que le cloître est encore plus riche en monuments et en inscriptions ; mais, on le comprend, il m'est impossible de les voir (1). En somme, cette visite abrégée à la chapelle des Gravelines est le principal souvenir que j'emporte de Rouen, sauf Saint-Ouen pourtant.

Il reste ensuite à voir Saint-Maclou et le Parlement (2). La voiture nous enlève de nouveau et rapidement vers le bas de la ville. L'église que nous allons voir maintenant a, sans discontinuer, attiré mon attention pendant la journée. Un moment, sa flèche toute blanche, nouvellement rétablie, a frappé mes regards ; une autre fois, j'ai aperçu son merveilleux portail. Naturellement, après la Cathédrale et Saint-

(1) Par l'obligeance de M. l'abbé Othon, chapelain du premier monastère de la Visitation et avec le concours des dames religieuses de ce couvent, toutes les inscriptions des *Gravelines* ont été relevées avec soin. Il est digne de remarque que ces nombreuses inscriptions nous sont parvenues pendant l'occupation allemande, lors de la guerre 1870-1871. C'est au travers des lignes ennemies qu'elles ont été apportées à Martin-Eglise, le service de la poste étant alors interrompu. Jusqu'alors ces souvenirs funéraires n'ayant pas été publiés, on les donne à la fin du présent opuscule. *N. D. T.*

(2) Il eut fallu voir aussi la crypte de Saint-Gervais, l'église classique de Sainte-Madeleine, la nouvelle église Saint-Sever, l'Hôtel-Dieu, l'Hospice-Général, la récente basilique de Bon-Secours, la côte Sainte-Catherine, le Mont-aux-Malades, le point de vue de Canteleu, etc., etc. *N. D. T.*

Ouen, Saint-Maclou reste sans rival parmi les églises de Rouen. Son remarquable fronton de l'Ouest offre tant de beautés, qu'on peut difficilement savoir ce qu'il faut admirer le plus. Cependant pour commencer par une critique, qui une fois exprimée ne nuira point à l'appréciation de tout l'édifice ; il me semble que ce portail pourrait être d'une élévation au moins du double, pour être en rapport avec les proportions et la splendeur des triples porches.

En beauté et en délicatesse d'ornementation, Saint-Maclou, la dernière des églises que j'aie vues dans cette cité, semble surpasser tout le reste. Les sculptures des portes et les entrées sont, sans hésiter, magnifiques et hors de prix. Il en est de même du riche et merveilleux escalier qui conduit à l'orgue, escalier qu'on doit, dit-on, comme les portes, au célèbre maître Jean Goujon (1). L'architecte et le sculpteur semblent avoir été aussi prodigues de temps et de soins que les fondateurs l'ont été dans la dépense. Comme toujours, nous trouvons encore un chœur d'une grande élévation. On ne manque pas de nous faire voir dans une chapelle de côté, un *Murillo*, ou qui passe pour tel. Ce tableau est très-noir et assez obscur ; aussi, peut-on lui trouver quelque chose d'espagnol, si l'imagination et la malice s'en mêlent.

Et maintenant, rendons-nous au Palais-de-Justice, l'ancien Parlement auquel il faut au moins donner un coup-d'œil, ne serait-ce que pour une minute ou deux. La cour spacieuse qui précède l'édifice est ouverte sur la rue vers le Sud ; les bâtiments environnent cette cour des trois autres côtés. L'architecture du monument est naturellement d'une grande richesse, ou bien il ne porterait pas l'ancien cachet Rouennais. Sur la gauche en entrant on accède à la salle des *Pas-Perdus*. C'est un nom qu'on ne manque pas de rencontrer en France, près des anciennes Cours de Justice et qui s'applique aux vastes pièces voisines. Mais c'est par le grand escalier à

(1) Sur les renseignements peu connus concernant ce grand artiste, voir : Berty, *les Architectes Français de la Renaissance*. Paris, 1860, p. 79-87. M. Berty ne paraît pas entièrement ajouter foi au protestantisme de Jean Goujon.

droite que nous gagnons une belle salle où, avec quelque difficulté et un peu de délai, nous obtenons les clefs et un guide. Ce guide est une dame respectable, entre deux âges, qui porte à la main les marques de sa charge.

Après avoir passé quelques appartements de moindre importance, nous atteignons la grande salle du Parlement. C'est une pièce énorme qui occupe une bonne partie du côté Nord de la cour. Les murailles, si je m'en souviens bien, sont peintes en couleur chocolat et semées des abeilles impériales. Cet attribut des abeilles est quelque chose de très-moderne qui n'est guère ingénieux ; en tout cas, il me paraît déplaisant. L'idée qu'on a eue de placer les armes des principales villes de Normandie dans les fenêtres peintes me semble beaucoup plus rationnelle. Le plafond est sculpté peint et doré, le tout de bon goût, car les couleurs qui forment le fond sont sévères comme il convient à une cour où se rend solennellement la justice. Cette salle remarquable rappelle en effet, avec de longues années, une foule de traditions dont la relation ne remplit pas moins de sept forts volumes édités naguère par M. Floquet. On sait que ce savant écrivain est un des plus patients et des plus laborieux antiquaires de la province de Normandie que je serais tenté d'appeler un royaume. Après une ou deux petites pièces, nous arrivons à la Salle des Pas-Perdus, immense vaisseau que ne supporte aucune colonne. Mais, il faut le dire, quand une fois on a vu Westminster-Hall, on ne sait plus rien admirer en ce même genre de bâtiment.

Notre journée à Rouen s'est donc écoulée : il ne nous reste plus qu'à nous mettre en route vers la gare en nous dépêchant. Là, nous trouvons M. Loth père et son jeune fils ; après quelques mots d'adieu, nous entrons dans la salle d'attente ; bientôt la porte de communication s'ouvre pour nous donner passage vers le train et nous permettre de prendre nos places dans les wagons.

Notre compartiment s'emplit immédiatement et, parmi les voyageurs se trouve M. Le Prince, déjà grand-père bien qu'il ait encore son propre père, dont nous visitâmes l'ancien château à Grèges, lundi dernier. Au milieu d'un flot sans interruption, de causerie, de pointes d'esprits, d'anecdotes charmantes, pour lesquelles, je le reconnais, l'abbé a un talent tout particulier, le retour sur Dieppe s'effectua rapidement.

Cependant, il ne nous fut pas aisé de laisser aussitôt le point d'arrivée ; car mon ami était abordé, tantôt d'un côté, tantôt d'un autre, recevant des salutations et de droite et de gauche. Enfin nous prîmes une voiture pour nous rendre à Martin-Eglise.

Ce fut pour moi un charmant contraste, après cette journée si active à Rouen, où la vue avait été surtout mise en jeu, que de revenir à notre résidence champêtre avec son air frais et bienfaisant. Le soleil baissait, remplissant la vallée de ses doux rayons du soir. C'était comme un soulagement réel pour arriver au vrai repos et me fournir un heureux moment pour penser aux choses remarquables que j'avais vues dans la journée.

En une demi-heure, nous nous retrouvâmes au paisible presbytère. Mon hôte fut pour quelque temps occupé à l'église, avant notre repas du soir ; en attendant, je me mis à faire un tour de jardin, me complaisant au milieu des fleurs ou causant avec la domestique. Le changement de l'atmosphère enfermée de Rouen avec l'air vif de Dieppe, semblait me redonner de la vie et rafraîchir mon esprit. Je ne pus même m'empêcher de sauter et de gambader, bien que je fusse a demi usé de fatigue.

Quand l'abbé fut de retour, nous soupâmes et après notre promenade en usage chaque soir, nous entrâmes chez M. et Mme Philippe. Bien entendu, Rouen devint l'âme de la conversation. Nous ne fîmes pourtant qu'une courte visite. Après les prières du soir vint le coucher ; destination à laquelle je me trouvai très-heureux d'arriver et le sommeil de son côté ne me fit pas longtemps attendre sa venue.

NEUVIÈME JOUR.

Déjeuner à Dieppe. — Nouvelles connaissances. — Arrangement pour le lendemain. — M. l'abbé Cochet. — Un sanctuaire. — Ardeur pour la science. — Livres. — Adieu. — Retour à la maison.

Le matin du *Samedi 12 Juin*, j'étais appelé ponctuellement à l'heure. La veille au soir une invitation à déjeuner pour le lendemain était arrivée à mon hôte, de la part de l'abbé Cochet, un de ses intimes amis, antiquaire bien connu.

A midi environ, nous étions à la porte du savant prêtre, quand nous le rencontrâmes sortant de sa maison. Nous devions en réalité déjeuner avec lui, non pas à sa demeure, mais chez des amis. Alors, nous nous dirigeons du côté de la plage et, en peu de temps, nous tournons vers un des hôtels qui font face à la mer. Je ne tardai pas à apprendre que nous étions chez Mme Lafosse, de l'hôtel Royal.

L'introduction de convenance à la maîtresse du logis, à son fils et à ses demoiselles fut bientôt terminée et aussitôt le déjeuner fut annoncé. La profusion des mets et une conversation animée garnirent notre repas fortement prolongé. Cependant, nous convînmes par surcroît d'amabilité que M. Lafosse qui devait toucher l'orgue à Arques, le lendemain, à tout l'office, viendrait nous prendre pour une excursion après vêpres.

Comme mon ami avait quelques affaires à traiter en ville, je revins avec M. Cochet, qui eut la bonté de mettre sa bibliothèque à ma disposition. L'ethnologie avec les sciences qui s'y rapportent me paraît être le champ qu'il aime à explorer : genre d'antiquités terriblement sec et ardu pour lequel, je le confesse, je n'ai qu'un goût fort limité. La bibliothèque de

M. l'abbé Cochet semble particulièremant fournie d'ouvrages anglais traitant des objets mis au jour par des fouilles opérées récemment. En passant dans un autre appartement le savant abbé me remit entre les mains un ensemble de publications relatives aux antiquités locales, pièces diverses qui ont paru dans certains recueils périodiques. Enfin, je fus introduit dans son cabinet d'étude. De tous côtés sont des tablettes littéralement encombrées de brochures concernant l'ethnologie et les antiquités, dont le nombre doit s'élever à plusieurs milliers.

En même temps l'abbé Cochet ne cessa de faire entendre à mes oreilles, dans son langage animé, des explications et des commentaires qui se rapportent aux sujets pour lesquels il a tant d'ardeur ; et, au moment où mon ami de Martin-Eglise revenait me rejoindre, l'antiquaire se lançait avec tout le feu et l'énergie de son caractère, dans une dissertation sur l'attrait qu'offrent les découvertes scientifiques.

Je ne dois pas oublier que dès le premier moment de ma visite, j'entrouvris les pages des *Inscriptions Chrétiennes* de Le Blant. Un simple coup-d'œil suffit pour me montrer la valeur et l'intérêt de l'ouvrage, ainsi que les recherches de l'auteur. Une citation des *Annales Trevirenses* de Brower et Mason frappa mon regard : ce que je fus particulièrement heureux de voir pour une raison qu'il est inutile de rapporter ici. Je remarquai aussi l'exemplaire spécial de la *Normandie souterraine*, ouvrage de M. Cochet, intercalé et annoté partout de sa main, en caractères très-fins et absolument illisibles. Entre les deux couvertures de ce volume, me déclarait M. Cochet, était contenue toute sa science ; une fois ce livre désorganisé ou perdu, il aurait de la peine à retrouver ses matériaux.

Avant de laisser M. Cochet, il fut assez aimable pour me donner sa photographie et un mot de sa main ; de plus, il nous accompagna chez le photographe où je devais moi-même poser. Là, nous lui dîmes adieu et je me soumis à l'opération artistique.

Nous prîmes ensuite le chemin du presbytère en passant par le Pollet et par les hauteurs de Neuville. Après deux milles environ, nous tournâmes sur la droite pour descendre par un vallon au haut duquel était la chapelle Saint-Léonard, dont j'ai parlé lundi. Notre chemin, au milieu de ce petit vallon était bordé d'arbres de chaque côté et sur l'écorce de plusieurs une main assez exercée avait découpé une suite de figures grotesques. Nous gagnâmes bientôt le grand chemin qui tend de Dieppe à Martin-Eglise, mais comme de coutume, nous atteignîmes la maison assez longtemps après l'heure fixée pour le dîner. Le reste de la soirée se passa en causerie et la promenade accoutumée ne manqua pas d'avoir lieu.

DIXIÈME JOUR.

Messe. — Office de l'après-midi. — Une excursion. — Saint-Aubin-le-Cauf. — Un château. — L'église. — Warenne. — Mémoire toujours vivante en Angleterre. — Le nom parmi nous. — Difficultés. — Le hameau. — Sculpture sur bois. — Une vieille ferme. — La pluie. — Un départ.

Le jour suivant, *Dimanche 13 Juin*, la Messe fut chantée à son heure ordinaire, c'est-à-dire, à dix heures, au lieu de neuf comme au dimanche précédent, fête solennelle. Après le dîner, nous fîmes une tournée dans le village ; pendant cette promenade mon ami visita une malade et les parents du jeune séminariste que nous avions vu à Rouen. Nous revînmes juste à temps pour l'office de l'après-midi, qui fut suivi du catéchisme des enfants. A peine cette instruction était-elle commencée que M. Lafosse arriva dans l'église et prit place à mon côté.

Alors les petits enfants furent congédiés plus tôt que de coutume ; puis, après un peu de délai, nous entrâmes dans la voiture découverte qui nous attendait au presbytère. Nous partîmes d'un pas accéléré et d'un train qui fut maintenu tout le temps, car le cheval était une excellente bête.

Nous prîmes la direction d'Arques ; mais au lieu de tourner pour entrer dans ce bourg, nous continuâmes vers une autre direction, en remontant la vallée de la Béthune. Sur le parcours élevé, nous avions de fois à autre de charmants points de vue dominant le cours d'eau que nous apercevions.

Notre premier arrêt fut pour Saint-Aubin-le-Cauf, qu'on doit bien distinguer de Saint-Aubin-sur-Scie, entre Dieppe et Longueville. Il en est qui disent que le surnom du village où nous nous dirigions vient d'une grande côte voisine ayant un aspect tout pelé et tout chauve.

L'objet qui attira d'abord notre attention fut un grand château, laissé imparfait au moment de la Révolution et qui n'a pas été terminé depuis. Cette propriété appartint à la famille de Choiseul ; elle a passé par un mariage dans les mains des Fitz-James, descendant de notre roi Jacques II. Ce seul motif lui donna un intérêt à mes yeux.

Avant d'entrer dans l'église, nous nous dirigeâmes du côté de la demeure de M. le Curé, qui nous accompagna pour visiter le monument. Toute la partie orientale a été récemment restaurée ; mais, il faut convenir que le caractère de ces réparations n'est pas aussi véritablement ogival que je le désirerais. En particulier, la forme des arcades qui séparent le chœur de la chapelle du Nord ne me semble pas du tout agréable. Toujours est-il que l'effet général ne déplaît pas. La nef fait contraste avec ce chœur si neuf. Le transept du Nord a été fermé par un lambris pour former une sacristie. Ici, on nous montra un riche mobilier d'autel, entr'autres un calice ayant presque un pied de haut. Dans le coin de ce même transept sont deux ou trois pierres tombales des anciens châtelains, énumérant avec grand détail les divers titres et prérogatives que ces personnes ont possédés dignement j'aime à le croire. — Etant sur le point de laisser Saint-Aubin-le-Cauf, mon ami invita à dîner M. le Curé du lieu pour le mardi suivant, ensuite nous reprîmes notre essor.

Il avait été promis que, s'il était possible, je verrais durant mon séjour le petit hameau de Warenne ; le berceau sans aucun doute de la grande maison Normande de Surrey et de Warenne, de laquelle j'ai déjà eu occasion de parler. Mon attrait pour la maison ducale de Norfolk qui, sauf quelques rares lacunes, a maintenu jusqu'à présent la primauté des intérêts catholiques en Angleterre ne me permettra pas d'être si près de l'origine de leurs nobles ancêtres, sans faire un pélerinage sur les lieux (1).

(1) *Magasin pittoresque*, 1835, p. 390. — Dans sa *Notitia Galliarum*, Adrien de Valois dit : « *Varennam, Varenne, nunc viculum, olim comi-*

Le peuple ici, je pense, ne se figure pas que l'écu des Warennes, échiqueté d'or et d'azur, maintient sa place avec ceux des Mowbrays, des Fitz-Alans, des armes royales de Botherton et d'une foule d'autres presque aussi illustres. Cet écusson est celui du premier Pair d'Angleterre et l'ancien titre anglais de ces Warennes est actuellement porté par l'aîné du chef de la noblesse anglaise. Aussi loin que je puis remonter, la mémoire de ces hommes célèbres a péri dans leur pays d'origine ; en Angleterre, ce nom se rencontre continuellement dans nos chroniques du moyen-âge jusqu'au XIVe siècle et disparaît en se fusionnant dans la maison des Fitz-Alans, comtes d'Arundel. Ces derniers cependant portèrent pour un temps ce nom, jusqu'à ce qu'un titre régulier fut créé chez nous, en 1451, titre qui s'éteignit à la mort du premier possesseur en 1475. Deux années plus tard ce titre survécut encore en la personne de Richard, second fils du Roi Edouard IV qui fut fiancé à Anne Mowbray, seule héritière du dernier Comte. Ce pauvre enfant fut assassiné, comme chacun sait, dans la Tour à Londres en 1483. Anne également mourut fort jeune. Alors, la plus grande partie du vaste patrimoine des Mowbrays, Ducs de Norfolk, Comtes de Warren et de Surrey, Barons de Mowbray et de Segrave, que la couronne était si désireuse de s'appliquer, revint à John Howard le plus proche parent. A sa personne furent conférés le Duché de Norfolk et le Comté de Surrey, tandis que le Comté de Warren, n'a jamais figuré depuis. Il est étrange que, quoique antérieur à 1451, le titre de Comte de Warren n'ait pas été légalement reconnu; quoi qu'il en soit, ce fut toujours le titre favori des Comtes de Surrey, en mémoire de leur origine Normande. Justement comme nous voyons les Ferrars nommés plus fréquemment Comtes de Ferrars que Comtes de Derby, bien que ce dernier nom fût, strictement parlant, leur titre anglais seulement.

Ce fut en lisant l'histoire du Château d'Arques par

latiùs Varennæ caput. » Ce même savant, en parlant de la rivière du même nom, dit indifféremment : *Guarenna, aliàs Varenna.* Aussi les Anglais nomment-ils toujours une *garenne*, *Warren*. *N. D. T.*

M. Deville que j'eus un premier aperçu du « Hamel de Varenne (1). » Ce hameau étant situé dans un quartier qui s'éloigne des routes fréquentées, nous eûmes réellement quelque embarras pour trouver le chemin qui devait nous y conduire. Mais, grâce à la persévérance et aux recherches réitérées de M. Lafosse, nous arrivâmes enfin sur les véritables traces. Cependant, même alors, nous eûmes à passer un large cours d'eau qui s'élevait presque à la hauteur de notre véhicule.

Tout près de ce courant sont assises les quelques maisons qui composent le hameau. Ce n'est qu'un reste du passé, ne présentant qu'une entière insignifiance, sauf le nom. Pourtant, je ne devrais pas parler ainsi, car la maison devant laquelle nous stationnâmes était remarquable par ses sculptures sur bois, consistant en enroulements et en fleurs le long de la couverture ainsi qu'autour des portes ; en outre, à l'un des angles de cette maison se voyaient les restes d'un sujet plus travaillé que je supposai, autant que j'en pus juger, être la naissance du Sauveur. Il faut remarquer que précisément nous eûmes à passer tout près de là, devant une ferme nommée *les Trois Rois*, nouveau souvenir biblicoliturgique qui ne m'étonne guère dans le diocèse de Rouen, où cette fête des Mages semble avoir eu quelque chose de particulier (2). Pour revenir à nos sculptures, quel dommage qu'un reste aussi intéressant d'antiquité soit destiné à une entière destruction, sans que je puisse espérer aucune chance de préservation dans ce lieu obscur et peu fréquenté !

Avant de partir, je fus heureux de reconnaître par moimême que les habitants du pays prononcent volontiers *Warenne* et non pas *Varenne*, comme l'usage français les y porterait.

Sur notre chemin pour revenir à la maison, nous avions une autre habitation à visiter, une ferme datant du XVIe siècle. Ainsi, nous repassâmes le cours d'eau et notre joli coursier

(1) Page 376.

(2) Dom Martène, *de Antiq. Eccl. ritib.*, t. III, p. 43, édit. 1764. — L'abbé Malais, *Calendrier Normand*, p. 8.

nous enleva promptement pour nous remettre sur le grand chemin. Nous arrivâmes à la ferme en question par une agréable avenue au milieu des champs. Ce grand bâtiment d'une longue étendue est une construction mi-partie en bois, dont le caractère offre de l'intérêt. Notre arrivée n'y était pas tout-à-fait inattendue, car, je ne sais de quelle façon la nouvelle de notre promenade nous avait précédés.

Mais bientôt la pluie qui nous menaçait depuis quelque temps se mit à tomber abondamment et nous avertit de ne plus mettre de délai à notre retour.

Une fois à la maison, l'abbé mon ami me donna le temps de changer et, après le souper, comme de juste, nous descendîmes tous les trois de compagnie vers l'auberge du village. Pendant qu'on attelait le cheval, une voiture close envoyée par Mme Lafosse arriva. Cette dame avait craint que la pluie qui était tombée n'occasionnât quelque désagrément à son fils.

Au milieu des remerciements chaleureux pour notre agréable excursion, M. Lafosse s'expédia dans la voiture découverte. J'aurais pris à sa place le fiacre fermé, car je suis entièrement de l'avis des *Cockneys* de Londres, ayant horreur de l'humidité. Mais les goûts diffèrent. *Suum quique !* (1)

Ensuite nous retournâmes au presbytère, où, jusqu'à dix heures, nous discutâmes sur quelques livres ; l'un d'eux, si je m'en souviens bien, était la Vie de Saint Bruno, par le digne et vénérable vieillard Dom Ducreux, ancien Chartreux de Gaillon (2).

(1) A chacun le sien.

(2) Dom Ducreux, dernier Prieur de la Chartreuse de Bourbon-lès-Gaillon, qui prit ensuite le titre de chapelain honoraire de l'Hôtel-Dieu de Rouen, mourut en 1821, âgé de 84 ans. Sa *Vie de Saint Bruno*, qui n'est pas commune, parut en 1812. Mais en 1814, il publia un supplément à cet ouvrage avec ce *Nota* : « Les censeurs chargés par l'ancien gouvernement d'examiner un manuscrit ayant pour titre : *Vie de Saint Bruno*, ont exigé de l'auteur qu'il supprimât tout ce qui regardait Louis XVI et Henri VIII, roi d'Angleterre ; sans cette condition, à laquelle il a fallu souscrire, cet ouvrage n'aurait pas été imprimé ; aujourd'hui, que les circonstances, par une grâce toute particulière de la divine bonté, ne sont plus les mêmes, on rétablit les choses, y étant dûment autorisé. » *N. D. T.*

ONZIÈME JOUR.

Un déjeuner. — Chez M. le Doyen. — Mme Lemaître. — Repas d'inauguration. — Retour à la maison.

Le *Lundi 14 Juin*, le temps ne paraissait nullement certain ; le vent soufflait fortement et des nuages menaçants couvraient la forêt d'Arques. Ce jour-là nous devions aller à Dieppe pour dîner ou déjeuner chez Mme Lemaître, qui vint à Martin-Eglise le mercredi précédent, dans l'après-midi.

Arrivés à Dieppe, avant de nous rendre chez M. le Doyen, un des invités, nous fîmes le tour de l'église Saint-Jacques, n'oubliant pas d'admirer l'effet du soleil à travers les vitraux peints de la rosace occidentale. Cependant, nous n'avions pas de temps à perdre ; aussi, nous nous rendîmes sur le champ à la porte cochère du doyenné, car je suppose qu'on désigne ainsi la demeure du curé de Saint-Jacques.

Aussitôt mon ami m'introduit près de M. le Doyen et, de compagnie, nous nous rendons ensuite chez Mme Lemaître. Cette dame et sa demoiselle tiennent un orphelinat d'environ vingt ou trente jeunes filles, dont les parents sont dans une situation précaire. Notre charitable dame inaugurait ce jour même sa résidence dans une nouvelle demeure qu'elle a louée pour s'y loger avec sa nombreuse famille d'adoption. Nous allions donc pendre la crémaillière, ou au moins célébrer l'installation.

Passant à travers la cour centrale, nous fûmes ensuite présentés à la maîtresse de la maison, vénérable personne comptant bien quatre-vingt-cinq printemps. Un beau déjeuner réunit les invités, au nombre d'une vingtaine. Trois ou quatre heures s'y écoulèrent rapidement, pendant lesquelles Mme Lemaître fut aimable jusqu'à la fin et parfaitement à la hauteur de la circonstance ; car, quoique les années aient peut-être affaibli son tempérament, elles n'ont pas été capables assurément d'éteindre le brillant et la vigueur de son esprit.

Quand cette dame se retira, j'eus l'honneur et le plaisir de la conduire au salon. L'Angleterre, il paraît, ne lui était pas tout-à-fait inconnue : puisque, dans le voyage qu'elle fit des îles d'Amérique, son pays natal, pour venir en France, elle résida quelques années de l'autre côté de la Manche (1).

Il était alors près de cinq heures ; et comme le Curé mon ami devait donner le baptême à un enfant, nous prîmes congé ; alors pour la dernière fois je fis la route à pied vers Martin-Eglise.

(1) Mme Elisabeth-Marguerite Souty, veuve Le Maître, est décédée à Dieppe, le 18 août 1874, âgée de 91 ans. *N. D. T.*

DOUZIÈME JOUR.

Jour de besogne. — A Arques. — Un lieu de refuge. — Encore de vieux souvenirs. — Déjeuner. — Pour Dieppe. — Une cérémonie. — Autres affaires. — Le photographe. — Martin-Eglise pour le dernier soir. — Réunion finale. — Conclusion.

Le jour suivant, *Mardi 14 Juin*, fut le dernier de ma résidence. Ces jours précédant le départ sont généralement pour moi désagréables et ennuyeux. Mais mon ami ne me laissera pas le temps d'y penser aujourd'hui. Ce devait être un jour de besogne et cette besogne fut ainsi réalisée. Nous allâmes d'abord visiter l'école du village que je trouvai bien tenue (1), nous fîmes à pied la route d'Arques et nous revînmes à temps pour recevoir à déjeuner M. le curé de Saint-Aubin-le-Cauf. Ensuite nous partîmes pour Dieppe, afin de saluer Mme Lemaître et Mme Lafosse ; nous fûmes chercher ma photographie et enfin, nous regagnâmes Martin-Eglise en temps pour dîner à six heures chez M. Philippe.

A Arques, nous visitâmes M. le Curé ; mais nous le trouvâmes indisposé et peu en état de revenir déjeuner avec nous comme mon ami l'espérait. Quoique le bourg d'Arques soit beaucoup déchu, le presbytère et son jardin correspondent toujours à la grande église, l'orgueil du pays. Ici encore, comme dans tout le voisinage, les roses sont nombreuses et de choix. A la demande de mon ami, j'emportai avec moi une charmante rose de couleur jaune qui me fut donnée pour joindre à mes bouquets de Martin-Eglise.

(1) L'école de Martin-Eglise est sous la direction de M. Jean-Louis Brabière, depuis le mois de janvier 1853. *N. D. T.*

A peine avions-nous pris notre route pour le presbytère que la pluie commença à tomber fortement. Nous nous mîmes donc à l'abri, dans une chaumière sur le bord de la route. Cette maisonnette était habitée par une pauvre vieille femme absolument infirme. Sa sœur et elle vivaient ensemble sous ce toit, dans une grande médiocrité, toutefois avec une espèce d'indépendance. La sœur en ce moment était sortie pour son travail, tandis qu'elle-même gardait la maison. Sur la cheminée et sur la table se voyait quelque vaisselle en cette faïence de Rouen que je sais maintenant apprécier ; mais ces objets étaient, il est vrai, brisés pour la plupart.

La conversation que nous commençâmes avec cette vieille femme, tourna de suite au temps passé. Dès qu'on parla de la Révolution, elle sembla se réveiller avec énergie, sa parole mal accentuée devint claire et précise. Elle ne se souvenait que trop bien de ces jours, auxquels Mlle de Rassent (1), la propriétaire du château d'Archelles, à deux pas d'ici, fut poursuivie comme membre d'une famille aristocrate et comme recéleuse de prêtres cachés ; alors, cette demoiselle s'enfuit de sa demeure pour sauver sa vie et se réfugia dans la maison d'un de ses gens. C'était précisément le père de la pauvre vieille qui nous parlait et elle-même, alors enfant, vit pendant la nuit, la noble fugitive grimper comme un *cat* (2) derrière des futailles.

Je serais resté volontiers plus longtemps à écouter cette bonne femme ; mais le temps est inexorable. Comme la pluie avait quelque peu cessé, nous reprîmes notre route et il y avait longtemps qu'il ne pleuvait plus lorsque nous arrivâmes à Martin-Eglise : le soleil même se montrait brillant.

(1) *Galerie Dieppoise*, p. 189. — L'abbé Malais, *Calendrier Normand et Analectes*, p. 220, 222. *N. D. T.*

(2) Dans ces contrées, les villageois prononcent ordinairement le *ch* comme un *k* ou un *c* dur. L'abbé Malais m'a assuré qu'en parcourant le Cartulaire d'un monastère qui eut des possessions en ces parages, il a rencontré dans des documents du moyen-âge : *chemin* écrit *kemin*. — C'est dans le Cartulaire de Beaubec, appartenant à M. de Blangermont, maire de Martigny, où j'ai trouvé : « *Juxtà keminum Regis,* » près le chemin du Roi. *N. D. T.*

Le Curé de Saint-Aubin ne nous fit guère attendre. Nous eûmes alors un déjeuner fort agréable et, à peine fut-il terminé qu'il nous fallut partir pour Dieppe. La charrette d'un des bons paroissiens de mon ami fut mise en réquisition, on y fixa des chaises sur lesquelles nous nous plaçâmes, non sans éprouver quelques secousses en chemin. Ce qui n'empêcha pas que la route jusqu'à Dieppe fut un agrément continu.

Dès que nous arrivâmes, M. le Curé de Saint-Aubin s'en alla voir quelques personnes de sa connaissance, pendant que nous prîmes notre direction vers Mme Lemaître. Nous entrâmes tout justement au moment où l'on bénissait la maison. Deux cents personnes environ étaient réunies dans la cour centrale, M. le Doyen finissait son discours et nous eûmes à passer au milieu de cette réunion solennelle afin d'arriver à nos places. Alors vinrent les prières du Rituel pour la bénédiction d'une image de la Sainte Famille au fond de la cour ; puis les orphelines en grand costume, chantèrent un cantique du haut d'un balcon. La maison et la chapelle furent aussi bénites successivement ; pendant ce temps on quêta pour une bonne œuvre et alors, la vénérable dame fit le tour de l'assistance et se retira. Chacun se mit ensuite à causer de tout cœur.

Nous eûmes encore à visiter la chapelle placée dans la partie supérieure de l'habitation. C'est un tout petit oratoire de grandeur suffisante pour l'établissement. Nous résistâmes, aux offres qui nous furent faites de rester, afin de prendre quelque goûter, et sur-le-champ, nous nous rendîmes chez Mme Lafosse.

Cette visite ne nous retint guère ; ensuite, nous allâmes commander une voiture pour me prendre le lendemain et enfin, nous fûmes chez le photographe. Cet artiste avait promis d'envoyer les portraits le lundi ; mais je trouvai qu'il venait seulement de les expédier et qu'ainsi ils ne seraient arrivés à Martin-Eglise que le lendemain après mon départ. Mon hôte toutefois étant connu à la poste, nous n'eûmes pas de difficulté à nous faire délivrer le paquet.

Après un cordial adieu à M. le Curé de Saint-Aubin, qui

nous avait rejoint, mais qui devait retourner chez lui en suivant la route de l'autre côté de la vallée, nous revînmes tout de bon pour mon dernier soir à Martin-Eglise.

Ce fut une soirée charmante. Les traces de la pluie du matin avaient disparu et le ciel était serein comme dans les plus beaux jours d'été. Le soleil couchant répandait sur la forêt une teinte dorée qui la couvrait entièrement ; et jetant mes regards sur ces lieux où j'avais passé de si heureux jours, je ressentis un vif regret en pensant que c'était mon dernier coup-d'œil sur ce charmant paysage.

La bienveillance que j'avais trouvée de tous côtés s'était montrée si cordiale et si naturelle, la politesse si ouverte et si sincère, qu'il me semblait que j'allais quitter des amis de toute ma vie, quand je n'avais été réellement en leur compagnie que quelques jours ; et pourtant je dois dire que j'avais laissé précédemment mon pays pour un temps bien plus long, sans éprouver les mêmes impressions.

Et maintenant que j'ai atteint le dernier soir de mon récit sur des jours qui resteront sans cesse dans mon esprit, accompagnés d'heureux souvenirs, je veux regarder ma tâche comme terminée. Encore mieux, je jette mes vues actuellement par avance sur une visite qui me sera rendue et qui m'a été promise pour un temps peu éloigné.

Qu'il me soit enfin permis de conclure par les paroles de l'auteur que j'ai cité en commençant. C'est un payen, il est vrai, mais nous ne devons pas le rejeter sur cette matière : « In amicitiâ ejus... rerum privatarum consilium ; in eâdem requies plena oblectationis fuit... Nihil audivi ex eo ipso quod nollem. Una domus erat, idem victus isque communis ;... sed etiam peregrinationes communes. — Nam quid ego de studiis dicam cognoscendi semper aliquid atque discendi ? in quibus... omne otium tempusque contrivimus ? Quarum rerum recordatio et memoria... nec extincta neque extinguenda. » — « J'ai trouvé dans l'affection de mon ami de bons conseils pour ce qui me regarde en particulier ; dans son amitié j'ai rencontré un repos plein de charmes... Il ne m'a jamais rien dit que je n'eusse voulu entendre. Nous habitions la même demeure, nous avions la même nourriture, une même table nous réunissait et nos promenades aussi se faisaient de compagnie. — Mais que dirai-je de nos études destinées à toujours connaître et apprendre quelque chose ? N'est-ce pas ainsi... que nous avons employé tout notre loisir et tout notre temps ? Aussi, le souvenir et la mémoire de ces heureux moments... ne sont pas effacés et ne s'effaceront jamais. (Cicéron, *de l'Amitié*, vers la fin).

INSCRIPTIONS RELEVÉES EN 1871

Dans le Couvent des *Gravelines* de Rouen, occupé actuellement par les Religieuses de la Visitation. (Premier Monastère).

(1) Dans le sanctuaire, au pied du grand autel :

VIRGINUM CHRISTO CONFIXARUM PRECES
INDE HUMILITER FLAGITAT
FRANCISCA CATHARINA CLEREL DE RAMPEN,
CONJUX DILECTA
PETRI ROBERTI LEROUX D'ESNEVAL,
BARONIS D'ACQUIGNY,
IN SUPREMO NORMANNIÆ SENATU PRESIDIS INFULATI.
Obiit die 6 martii anno 1753, œtatis 29. (1)

(2) Sur la même ligne, à gauche de la précédente :

CI GIST
DAMOISELLE ELÉONORE
MACDERMOTT, DÉCÉDÉE
LE 28 OCTOBRE 1788.
AGÉE DE 85 ANS.
REQUIESCAT IN PACE

(1) Ce sont les prières des vierges consacrées à J. C. que réclame humblement, Françoise-Catherine Clerel de Rampen, épouse bien-aimée de Pierre-Robert Le Roux d'Esneval, baron d'Acquigny, président du Parlement de Normandie. Elle mourut le 6 mars 1753, âgée de 29 ans.

(3) Sur la même ligne dans le sanctuaire au pied de l'autel, à droite de la première :

D. O. M.
JN SPEM BEATAM RESURECTIONIS
HIC
CONDITUM EST
QUID QUID MORTALE HABUIT
CAROLUS DE STONOR, ARMIGER,
EX NOBILI ET PERANTIQUA STIRPE,
COMITATUS OXONIENSIS IN ANGLIA
ORIUNDUS.
VIR MORIBUS JNTEGRIS JUXTA AC SUAVISSIMIS
JN DEUM RELIGIONE
JN PARENTES PIETATE
JN EGENOS LIBERALITATE
CONSPICUUS,
OMNIUM QUOTQUOT AMICITIA ORNATUS,
DIE OCTOBRIS ULTIMA ANNO SALUTIS M. D. CCLXXXI.
ANIMAM CREATORI, EXUVIAS TERRÆ
REDDENS
TRISTE SUI DESIDERIUM UNIVERSIS RELIQUIT.
SIT IN PACE LOCUS EJUS.

HOC LEVE GRAVISSIMI LUCTUS MONUMENTUM
AD
AMORIS TESTIMONIUM
MÆSTISSIMA CONJUX MARIA EUGENIA
CLARISSIMI VIRI MICHAELIS BLOUNT
FILIA
POSUIT, DICAVIT, CONSECRAVIT. (1)

(1) Charles Stonor, écuyer. Au Dieu très-bon et très-grand. Dans l'espoir de la bienheureuse résurrection, ici repose la dépouille mortelle de Charles de Stonor, chevalier, originaire d'une noble et antique famille du Comté d'Oxford en Angleterre.

Homme de mœurs douces et irréprochables, distingué par sa religion envers Dieu, sa piété à l'égard de ses parents, sa libéralité pour les pauvres, honoré de l'amitié de tous, il rendit son âme a Dieu, ses restes à

(4) En face de l'autel, au milieu du transept, au-dessous du n° 1 :

HIC JACENT
VENERABILES IN CHRISTO PRESBITERI
D. ROBERTUS ROOKWOOD,
QUI CUM QUADRAGINTA DUOBUS ANNIS
HUIC MONASTERIO
A CONFESSIONIBUS FUISSET
OBIIT
ÆTATIS ANNO OCTOGESIMO SECUNDO
DOMINI VERO MDCLXXIII.
DIE XII NOVEMBRIS.
ITEM
R. D. ROGERUS TRENTHAM,
QUI EODEM MUNERE FUNCTUS
ANNIS QUINQUAGENTA SEPTEM
EX OCTOGINTA NOVEM SUÆ VITÆ
OBIIT
XXVII MARTII MDCCXLII. (1)

(5) Au-dessous, sur une petite bande séparée :

MATER SALVATORIS,
NOSTRÆ SALUTIS DOMINA. O. P. N.
ET PRO SALUTE ANGLIÆ. (2)

la terre, le dernier jour d'octobre 1781, laissant un regret universel. Qu'il repose en paix. Ce petit monument d'un grand deuil, témoignage affectueux, a été posé, dédié, consacré à sa mémoire par son épouse désolée, Marie-Eugénie, fille du digne Michel Blount.

(1) Ici reposent deux prêtres vénérables de J. C. : D. Robert Rookwood qui, pendant 42 ans confesseur dans ce monastère, mourut à l'âge de 82 années, l'an du Seigneur 1668, le 12 novembre, et R. D. Roger Trentham, lequel ayant rempli les mêmes fonctions durant 57 ans, mourut âgé de 89 ans, le 27 mars 1742.

(2) Mère de Notre Sauveur, Notre-Dame du Salut, priez pour nous et pour le salut de l'Angleterre.

(6) A gauche du n° 4 :

HIC JACET
IN FIDE RESURRECTIONIS,
VENERABILIS SACERDOS
D. GUILLELMUS ELIOTA
ANGLUS, ET IN PATRIA
MISSIONARIUS APOSTOLICUS,

QUI CUM PER TRIGINTA ET SEX ANNOS
SUMMO CUM ANIMARUM FRUCTU
IN VINEA DOMINI LABORASSET,
AB HOSTIBUS FIDEI CATHOLICÆ
INTER IPSA ALTARIS SACRIFICIA CAPTUS
AC VARIIS CARCERIBUS VEXATUS,
TANDEM IN EXILIUM PULSUS EST,
UBI PIE OBIIT IN CHRISTO ANNO
M DC LXXVIII.
IAN. XIV. ÆTATIS SUÆ LXIX,
EXILII QUINTO.

Beati Qui Persecutionen Patiuntur
Propter Justitiam.
Math. 5. (1)

(1) Ici repose dans la foi de la résurrection, un prêtre vénérable D. Guillaume Eliota, anglais, missionnaire apostolique dans sa patrie. Ayant travaillé 36 ans au salut des âmes et avec fruit dans la vigne du Seigneur, il fut pris par les ennemis de la foi catholique, au milieu même du saint sacrifice; après avoir enduré plusieurs détentions, il fut enfin exilé. Il est mort pieusement en J. C. le 14 janvier 1678, âgé de 69 ans, la cinquième année de son exil. Heureux ceux qui souffrent persécution pour la justice. Matth. 5.

(7) Au-dessous, encastrée dans la même :

MEMORIÆ
REVERENDI DOMINI ANTONII MEYNELL,
SACERDOTIS ANGLI, QUI AB INITIO SACERDOTII
PER ANNOS 44, AD FINEM USQUE VITÆ, HUIC
MONASTERIO IN SACRIS ADDICTUS, PIE OBIIT
DIE 21 NOVEMBRIS ANNI 1746. ÆTATIS 75.
Requiescat in Pace. (1)

(8) A droite du nº 4 :

HIC JACET
IN FIDE RESURRECTIONIS
D. MARINUS BAVEL DELAVATINE
HUJUS URBIS ROTO. SACERDOS DIGNISSIMUS,
VERE PUDICUS, CASTUS ET SOBRIUS,
TIMENS DEUM, SIMPLEX ET RECTUS,
IRREPREHENSIBILIS VITA ET MORIBUS,
PRO DNO ET DOMO DNI ARDENTI ZELO ZELATUS,
DISSOLVI CUPIENS ET ESSE CUM CHRISTO.
OBIIT 9 IANUAR. ÆTATIS SUÆ 36. A. SALUTIS. 1722
IBI CORPUS UBI COR ERAT.
ORA PRO EO.
BEATI MUNDO CORDE.
MATTH. 5.
AMEN. (2)

(1) A la mémoire du Révérend Antoine Meynell, prêtre anglais, qui depuis sa consécration sacerdotale jusqu'à la fin de sa vie, fut pendant 44 ans attaché aux fonctions sacrées dans ce monastère. Il mourut pieusement le 21 novembre 1746, âgé de 75 ans. Qu'il repose en paix.

(2) Ici repose dans la foi de la résurrection D. Marin Bavel Delavatine, très-digne prêtre de cette ville de Rouen, vraiment modeste, chaste et sobre, craignant Dieu, simple et droit, irrépréhensible dans sa vie et dans ses mœurs, animé d'un zèle ardent pour le Seigneur et pour sa maison, désirant sa fin pour être avec J. C., il mourut le 9 janvier l'an du salut 1722, étant âgé de 36 ans. Son corps repose où était son cœur. Priez pour lui. Heureux ceux qui ont le cœur pur. Matth. 5. Amen.

(9) Au-dessous :

A LA MÉMOIRE
DE TRÈS-HONORÉE ET TRÈS-VERTUEUSE MÈRE
Constance-Angélique DESMARES DE TREBONS,
QUI A RÉTABLI CE 1er MONASTÈRE DE LA VISITATION
L'AN DE NOTRE SEIGNEUR 1812.
DÉCÉDÉE LE 29 MARS 1829, AGÉE DE 63 ANS,
APRÈS 40 ANS DE PROFESSION RELIGIEUSE.
REQUIESCAT IN PACE.

(10) Dans la chapelle du Confessionnal :

HIC IACET
D. THOMAS STRICKLAND
DOMINUS DE SIZERGH
EQUES ANGLUS OBIIT
IAN 8 ANNO 1694
REQUIESCAT IN PACE (1)

(11) A gauche de la précédente :

HIC SITUS EST
NOBILIS JUVENIS
D. BENJAMINUS SHELLEY
DE MICHEL GROVE
BARONETUS ANGLUS,
OBIIT 28 NOVEMBRIS
ANNO DOMINI
M. DC. LXXXI. (2)

(1) Ici repose D. Thomas Strickland, seigneur de Sizergh, chevalier anglais. Il mourut le 8 janvier 1694. Qu'il repose en paix.

(2) Ici est placé le noble jeune homme D. Benjamin Shelley de Michel Grove, baronnet anglais. Il mourut le 28 novembre l'an de N. S. 1681.

(12) Dans la chapelle d'entrée :

CAPELLA
ET
SEPVLCHRVM
NOBILIS FAMILIÆ
IACOBI FRONTINI
D. DV TOT
ORA PRO EIS. (1)

(13) A gauche de la précédente :

HIC IACET
COR DOMINI STEPHANI
TAFFE HYBERNI CVI
HUNC LAPIDEM POSUIT
VXOR EIVS. COMITISSA
DE FINGAL OBIIT DIE
15 AVG. 1730. (2)

(14) Sur la muraille du cloître, longeant la chapelle.

Hic Iacet
Soror Maria Clara Weston.
Obiit 13 Junii 1713.
Æt : an : 77.
Professionis 61. (3)

(1) Chapelle et sépulcre de la noble famille de Jacques Frontin, seigneur du Tôt. Priez pour eux.

(2) Ici repose le cœur de M. Etienne Taffe, irlandais, auquel son épouse, la comtesse de Fingal, a posé cette pierre. Il est mort le 15 août 1730.

(3) Ici repose sœur Marie-Claire Weston. Elle mourut le 13 juin 1713, âgée de 77 ans, ayant 61 ans de profession.

(15) Sur la même muraille :

Vicinam quibus adjuvatis precibus matrem
Virgines castæ,
Iisdem et animam sublevate filiæ
Annæ Mariæ Franciscæ Le Roux d'Esneval
Arm. Mic. de Pomereu Rotom. Præsid. Viduæ
22 Junii 1784 flebiliter extinctæ,
Hic resurrectionem, ubi neq ; nubent neq ; nubentur
expectantis. (1)

(16) Sur la même muraille :

D. O. M.

To the memory of the Reverend Mary Catherine Smith, late Abbess of this monastery, who governed her numerous community with evangelical spirit in the worst of times. A religious woman endowed with admirable meekness and humility, whose maternal command did verify the words of our Divine Redeemer : My yoke is sweet and my burthen light. She had to suffer the seizure of her Monastery, famine and a long imprisonment. Under such heavy crosses, unmindfull of herself, her only solicitude was for the safety of the flock confided to her care. Perfectly resigned to the decrees of Providence, her hope was fixed on God, she never complained of her persecutors nor mentioned their names, but to crave for mercy for the wrongs they did her. After many hardships, she embarked at Havre-de-Grâce with her community in August MDCCXCV, and procured for them an

(1) Vierges chastes, comme vous secourez la mère de vos prières, aidez également de vos suffrages la fille, Anne-Marie-Françoise Le Roux d'Esneval, veuve d'Arm. Mic. de Pomereu, président du Parlement de Rouen, décédée au milieu des larmes, le 22 juin 1784. Elle attend ici la résurrection dans ce séjour où l'on ne connaît que les noces spirituelles.

Establishment at Haggerston Castle in Northumberland, where after a year's painfull illness, having fulfilled the task for which she was created, she resigned her pious soul into the hands of her Father and her God, the XX of January MDCCXCIX. Mary Joseph Chadwick, the constant companion of her sufferings, expired two days before her superiour, in rendering her the last duties of religion; Providence ordained that death should not separate these two pious friends, and that the ties of charity which had linked them on earth, should be consummated in Heaven. An admirer of their virtues has erected this humble monument to these models of Christian friendship and religious perfection. Blessed are those that suffer persecution for Justice sake, for theirs is the Kingdom of Heaven (1).

(1) Au Dieu très-bon et très-grand. A la mémoire de la Révérende Marie-Catherine Smith, dernière abbesse de ce monastère, qui gouverna sa nombreuse communauté avec l'esprit évangélique dans la plus fâcheuse époque. Cette religieuse était douée d'une admirable douceur et d'humilité; aussi son autorité maternelle vérifiait-elle les paroles de notre Divin Rédempteur : Mon joug est doux et mon fardeau est léger. Elle eut à souffrir la saisie de son monastère, la faim et un long emprisonnement. Sous d'aussi pesantes croix, oublieuse d'elle-même, toute sa sollicitude fut pour le salut du troupeau confié à ses soins. Parfaitement résignée aux décrets de la Providence, son espérance fut fixée en Dieu; elle ne se plaignit jamais de ses persécuteurs et ne fit connaître leurs noms que pour implorer le pardon des injures qu'elle en avait reçues. Après beaucoup de traverses, elle s'embarqua au Havre-de-Grâce avec sa communauté au mois d'août 1793 et lui procura un établissement à Haggerston Castle, dans le Northumberland. Là, après une année passée dans une douloureuse maladie, ayant achevé la tâche pour laquelle Dieu l'avait créée, elle remit son âme pieuse entre les mains de son Père et de son Dieu, le 20 janvier 1799. Marie Chadwick, la fidèle compagne de ses souffrances, expira deux jours avant sa supérieure, en lui rendant les derniers devoirs religieux; la Providence avait décrété que la mort ne séparerait point ces deux pieuses amies et que les liens de la charité qui les avait unies sur la terre fussent perfectionnés au ciel. Un admirateur de leurs vertus a érigé cet humble monument à ces modèles de l'amitié chrétienne et de la perfection religieuse. Heureuses celles qui souffrent persécution pour la justice, le Royaume du Ciel est pour elles.

(17) Sur la même muraille :

Sub hoc Tumulo conquiescunt
Ven : et R. M : Maria Taylor, Gravelinga
Secum 14 sorores adducens.
An : DNI 1644. Hoc cœnobium fundavit
Obiit 8 10^{bris} an : DNI. 1658. ÆT : 62. regiminis 14 (1).

(18) A côté, sur la même pierre :

Ven : item ac R^{da}. Mater Margarita Bedingfield
hujus convent^{s} 2^{A}. abatiss^{A}. quem cum ann. 12 rexerat
6 Martii obiit an : DNI. 1670. ÆT : 66. (2)

(19) A côté, sur la même pierre :

Ven : etiam ac R^{da}. Mater Vinifreda Giffard quæ
tertia huic Monasteri^{o}. per annos 31 præfuit vixit
an : 90. vita functa est 25 9^{bris} an : DNI 1706.
Eis Lector eternam requiem......... (3)

(1) Sous cette pierre reposent : Vénérable et Révérende Mère Marie Taylor, qui amena avec elle 14 sœurs de Gravelines. Elle fonda ce monastère l'an du Seigneur 1644 et mourut le 8 décembre l'an du Seigneur 1658, âgée de 62 ans, ayant gouverné 14 ans.

(2) Vénérable et Révérende Mère Marguerite Bedingfield, deuxième abbesse de ce couvent, qu'elle dirigea pendant 12 ans. Elle mourut le 6 mars l'an du Seigneur 1670, âgée de 66 ans.

(3) Vénérable et Révérende Mère Winifrède Giffard, qui fut la troisième supérieure de ce monastère pendant 31 ans. Elle vécut 90 ans. Elle mourut le 25 novembre l'an du Seigneur 1706.
Lecteur demande pour elles le repos éternel.

(20) Sur la même muraille :

D. O. M.
Hic Iacet Maria Vinefrida
Strickland de Sizergh
obiit die 8 Maii an : dom : 1717.
Ætatis 14.
Requiescat in pace. (1)

(21) Dans le même cloître, sur une pierre à moitié brisée qui recouvre le sol :

† i
Hic jacet
Ven : adm. R[da]. Mater Francisca Benedicta
Clifton que quinta huic Monasterio per annos 21
prœfuit. obiit die 23 Aug. an : DNI (chiffres brisés)
ÆT. 91..... osæ Professionis 75.
Requiescat in pace. (2).

(22) Sur une pierre qui recouvre le sol, près de la précédente :

Sub hoc tumulo conquiescunt
Reverenda Mater Gertrudis Clara Vavasour
obiit 4 Nov. 1785. Ætatis 71 Dignitatis 7.
Et Fidelitas Vavasour
obiit 9 Oct. 1719.
Ætatis 14.
Requiescant in Pace. (3)

(1) Au Dieu très-bon et très-grand. Ici repose Marie Vinéfride Strickland de Sizergh. Elle mourut le 8 mai l'an du Seigneur 1717, âgée de 14 ans. Qu'elle repose en paix.

(2) Ici repose Vénérable et Révérende Mère Françoise Benoîte Clifton, qui fut la cinquième supérieure de ce monastère pendant 21 ans. Elle mourut le 23 août..... âgée de 91 ans, ayant 75 années de profession religieuse. Qu'elle repose en paix.

(3) Sous cette tombe reposent : Révérende Mère Gertrude-Claire Vavasour. Elle mourut le 4 novembre 1785, âgée de 71 ans, ayant gouverné 7 ans. Et Fidélité Vavasour, qui mourut le 9 octobre 1719, âgée de 14 ans. Qu'elles reposent en paix.

(23) Dans le chœur des Religieuses, à gauche, est gravée sur une plaque de marbre noir, en lettres d'or, entourée d'ornements sculptés en marbre blanc et surmontée d'armoiries et d'une couronne ducale l'inscription suivante :

Immortali Memoriæ
D. D.
Franciscæ Catharinæ Clerel de Rampen, uxoris quondam D. D. Petri Roberti Le Roux d'Esneval, Baronis d'Aquigny in supremo Normaniæ Senatu Presidis infulati, quæ natalium claritatem, opum affluentiam, affinitatum splendorem, præclaras que omnes ingenii ac animi dotes vertit in Religionis subsidia. Mundo, non aliter quam ut eumdem virtutum exemplis argueret, sociata, cæterum, quem viva contempserat, moriens, ut fugeret
In hoc severissimæ pietatis azilo,
Christi victimarum cineribus cineres suos voluit immisceri
Obiit die 6 Martii anno 1753, ætatis 29.
Consummata in brevi : explevit tempora multa.
Amoris in conjugem permansuri, donec eamdem recuperaret morte, monumentum hoc qualecunque mœrens maritus posuit. (1)

(1) A la mémoire immortelle de Dame Françoise-Catherine Clerel de Rampen, qui fut épouse de noble homme Pierre-Robert Le Roux d'Esneval, Baron d'Acquigny, Président du Parlement de Normandie, laquelle employa au soutien de la Religion, la noblesse de son origine, l'abondance de ses richesses, la splendeur de ses alliances et toutes les belles qualités de son esprit et de son cœur. Elle n'eut de rapports avec le monde que pour l'exciter par l'exemple de ses vertus ; enfin ce monde qu'elle avait dédaigné de son vivant, elle voulut le fuir en mourant, ayant souhaité que ses cendres fussent mêlées à celles des victimes de J. C., dans cet asile de la plus austère piété. Elle mourut le 6 mars de l'année 1753, à l'âge de 29 ans. Ayant peu vécu, elle a rempli la course d'une longue vie. Son époux affligé a placé ce monument d'un amour impérissable pour son épouse, en attendant que la mort lui donne de la rejoindre.

(24) Dans le chœur des Religieuses, à droite, est gravée sur une plaque de marbre noir, en lettres d'or, entourée d'un cadre de marbre blanc scellé dans le mur, l'inscription suivante :

D. O. M.
Nobili-que et piisimæ Matronæ Annæ Mariæ
Franciscæ Le Roux d'Esneval D. D. Armandi
Mich. de Pomereu Melit. Equitis, in-que, supremo
Rotomag. Senatu Prœsidis inful.
Parisiis
Kalend. Jun. 1784. è vivis flebiliter ereptis 21 annos uxori,
et 22 dies viduæ
Judicem Viduarum
Mutatum mihi in crudelem ne dixeris quisquis dudùm
emortuæ genitrici filiam recens ademptis tum conjuge tum
primogenito eodem mense confectam et morbo hic
compositam intelligis. De nuptiali thalamo maternum
ad tumulum sic decerat convolare, citius in cœlis reperturam
quem ætate florentem et honoribus, quem lue nefandà
coreptum deperibam sponsum redamantem.
Pietatis hoc Monumentum natæ dilectissimæ die
22 Junii, an. 1784, fato functæ
Posuit
Sponsæ, genero filiæ nepoti luctuose superstes D. D. Petrus
Robertus Le Roux d'Esneval d'Acquigny in supremâ
Norma. curià præses inful. honorar cujus dolori si par
usquâm est dolor attende et vide. (1)

(1) Au Dieu très-bon et très-grand. A la noble et très-pieuse Dame Anne-Marie-Françoise Le Roux d'Esneval, épouse de 21 ans, et veuve de 22 jours de noble homme Armand-Michel de Pomereu, Chevalier de Malte et Président du Parlement de Normandie, mort au milieu des larmes à Paris, le 1 juin 1784.

Ne regardez pas comme trop sévère envers moi le protecteur des veuves, vous qui apprenez qu'ici repose près de sa mère, ma fille défunte dans le même mois et de la même maladie que son mari et que son enfant premier-né.

Il me semblait convenable de passer du lit nuptial à la tombe mater-

EXTRAITS DE DIVERS OUVRAGES

Relativement au même Couvent des *Gravelines*.

« Religieuses Angloises de Sainte-Claire, dites de *Graveline*.

L'an 1644, après la prise de Graveline par l'armée de Loüis XIV, Roi de France, les Religieuses de Sainte-Claire établies depuis longtemps en ladite ville, ne pouvant plus supporter les allarmes et les dangers d'une guerre importune qui renaissoit tous les ans, quittèrent cette ville frontière sujette à tant de malheurs et vinrent à Roüen pour y trouver du repos et un azile contre toutes sortes d'hostilitez (1).

Elles furent logées au commencement fort à l'étroit au milieu de la ruë du grand Maulévrier, et huit ans après, à sçavoir l'an 1652 elles vinrent demeurer au haut de la petite

nelle, pour retrouver au Ciel cet époux chéri que j'avais perdu si tristement, au milieu de sa jeunesse florissante et des honneurs de ce monde.

Ce pieux monument élevé sur les restes de sa fille défunte et bien-aimée, a été érigé le 22 juin 1784, en mémoire de son épouse, de son gendre, de sa fille et de son petit-fils, par Pierre-Robert Leroux d'Esneval d'Acquigny, Président honoraire du Parlement de Normandie. Il survit tristement aux siens ; voyez et considérez s'il fût jamais douleur égale à la sienne.

(1) Il ne parait que toute la communauté de Gravelines ait laissé cette ville, où le R. P. Boussingault comptait dans ce même temps, « *une cinquantaine de Religieuses Angloises de Sainte-Claire* » (*La Guide Universelle de tous les Pays-Bas*, petit in-12, Paris, 1677). D'ailleurs, lors de la Révolution française, nous constatons par l'*Ordo* Catholique d'Angleterre pour 1799, que les pauvres Clarisses de Gravelines s'étaient fixées à Gosfield, près de Halsteed (Essex), tandis que celles de Rouen s'établirent à Hagerstone-Castle, près de Belford (Northumberland) où elles s'appliquaient à l'éducation. *N. D. T.*

ruë, au Monastère où elles sont maintenant, qui fut construit aux frais d'une dame Angloise, qui eut compassion de les voir dans une maison de loüage.

Ces saintes filles sont de l'étroite observance, vivent sous la réforme de Sainte-Colette, ainsi que les anciennes Religieuses du même ordre dont j'ai parlé ci-dessus (1), elles suivent l'Agneau jour et nuit ; les veilles et les austéritez leur sont familières et on peut dire que la sainte pauvreté est leur plus grande richesse.

Au milieu de ladite église, est une grande tombe de marbre noir sur laquelle sont gravées ces paroles : *prima sepulta est in hoc Templo, Antonia Doublé, uxor Caroli Baudoüin, Equitis, Domini de Beuville, quæ obiit 26 Maii ann. C. 1667* (2).

Il y a en cette église deux chapelles, dont l'une est sous l'invocation de Saint-Alexis et l'autre de Saint-Jean-Baptiste.

Le 31 août 1667, ce Temple fut dédié en l'honneur de Jésus, de Marie et de Saint-Joseph, par le Révérend Père en Dieu, André Linch, Evêque de Finibort en Hibernie, et le 10 février 1668, les reliques de Saint-Hyacinthe, à sçavoir le chef entier et plusieurs de ses ossements, qui avoient été aportés de Rome, furent exposés à la dévotion du peuple par le même Prélat, qui en fit la cérémonie (3). » (Farin, *Histoire de Rouen*, 6e partie, Rouen, 1731, in-12, 1738, in-4°.)

(1) Ces religieuses du même ordre étaient françaises et leur monastère à Rouen était situé rue Saint-Hilaire. *N. D. T.*

(2) A été inhumée la première en ce Temple, Antoinette Doublé, épouse de Charles Baudoüin, Chevalier, Seigneur de Beuville, laquelle mourut le 26 mai, l'an de J. C. 1667. *N. D. T.*

(3) Le diocèse de Rouen faisant face aux Iles Britanniques, il ne faut pas s'étonner que les prélats des trois Royaumes aient souvent établi des relations avec le Diocèse Métropolitain de Normandie.

C'est ainsi que nous voyons Robert Reid, évêque des Orcades, inhumé dans la chapelle Saint-André-des-Ecossais, à Saint-Jacques de Dieppe, le 15 septembre 1558. Il revenait du mariage de Marie Stuart. Fleury, *Histoire ecclésiastique* continuée, t. XXXI, liv. 153, n. VI, p. 241. — Velly, Villaret et Garnier, *Histoire de France*, t. XXVII, p. 472. — *La Vigie de Dieppe* du 7 juin 1870.

Mais ce fut surtout lorsque le schisme s'introduisit Outre-Manche, que

« L'Abbaïe des *Gravelines* est un Monastère de Clarisses, ou de Religieuses Cordelières de la Réforme de Sainte-Collette, mais celles-ci sont toutes Angloises de nation et n'en peuvent pas même recevoir d'autres. On les appelle *Gravelines*, parce que leur premier établissement étoit à Gravelines en Flandre, et que c'est de cette ville qu'elles sont venues se fixer à Rouen. Elles y arrivèrent au nombre de seize avant la fin de septembre 1644, et se logèrent comme elles purent, c'est-à-dire bien pauvrement, près du Collége des Jésuites. En 1650, la Reine-Mère, qui s'étoit transportée elle-même à l'Hôtel-de-Ville pour y faire enregistrer leur établissement, leur envoya leurs Lettres-Patentes. Vers le même temps elles acquirent le fonds sur lequel elles ont bâti le Mo-

plusieurs prélats passèrent dans le Diocèse de Rouen, où même ils exercèrent leur ministère sacré.

Nous trouvons donc Jean Lesley, évêque de Ross, comme auxiliaire de notre Cardinal de Bourbon II, vers 1585-1592. Il dédia à ce titre la chapelle de la Mailleraye, le 21 août 1585 et celle des Capucins de Rouen en 1586. (L'abbé Cochet, *les Eglises de l'Arrondissement d'Yvetot*, t. I, p. 151. — D. Toussaint Duplessis, *Description de la Haute Normandie*, t. II, p. 73).

Au siècle suivant, Jean de Molony, Irlandais, devenait Chanoine de Rouen, en 1664 ; puis étant fait évêque de Killaloë dans sa patrie en 1671, il lui fallut revenir à Rouen, en 1681. (Fr. Pommeraye, *Histoire de la Cathédrale de Rouen*, p. 264).

André Linch, évêque de Finibore, dont il est ici question, consacra l'église des Capucins de Caudebec, le 3 juin 1668, (D. Toussaint Duplessis, *Descript. de la Haute Normandie*, t, I, p. 10), il dédia l'église des Capucins de Fécamp, le 23 juin 1669, (D. Toussaint Duplessis, *Descript. de la Haute Normandie*, t. I, p. 100), il posa la première pierre de l'église des Hospitalières de Saint-François, rue Saint-Hilaire à Rouen, le 6 mars 1670, (Farin, *Histoire de Rouen*, 6e partie. — D. Toussaint Duplessis, *Descript. de la Haute Normandie*, t. II, p. 109), et le 30 août 1672, ce même prélat bénit la première pierre de l'église des Augustins déchaussés de Rouen. (Farin, *Hist. de Rouen*, 6e partie).

Enfin, au commencement de l'autre siècle, un évêque de Waterford, qui signait *Richardus*, consacra le 19 septembre 1723, le grand autel de la paroisse Saint-Jean à Rouen. (D. Toussaint Duplessis, *Descript. de la Haute Normandie*, t. II, p. 143. — E. de la Quérière, *Notice sur Saint-Jean de Rouen*, p. 20.) *N. D. T.*

nastère qu'elles occupent aujourd'hui près des remparts sur la paroisse de Saint-Godard. La première pierre en fut posée le 12 mars 1651 par les trois filles de la Comtesse de Portland, les trois filles de Milady Brown et la fille de Milady Gage, dont quatre ont depuis embrassé la vie religieuse dans cette même maison. L'église porte le nom *de la Sainte Famille*, ou de *Jésus, Marie, Joseph*. La première pierre en fut posée le 12 août de la même année par M. Jacques Poërier d'Anfreville, Président à mortier au Parlement de Normandie et elle fut dédiée le 31 août 1667, par M. André Linch, Evêque de Finibor en Irlande. » (Dom Toussaint Duplessis. *Description de la Haute Normandie*, t. II, p. 46, Paris, 1740).

« Les Religieuses de Sainte-Claire, dites les *Gravelines*.

Ces Religieuses qui suivent l'étroite observance de Sainte *Colete*, établies depuis longtems à *Gravelines*, fatiguées des dangers que la guerre entraîne nécessairement après elle, et surtout dans une ville frontière de guerre sujette à fréquents siéges, cherchèrent après que Louis XIV l'eut soumise à son obéissance, du repos dans une autre ville. Elles choisirent celle de Roüen pour venir s'y établir. En 1644, réduites dans ces commencements à se loger étroitement dans une maison de louage, elles trouvèrent au bout de huit ans un emplacement assez vaste dans le haut de la rue *Maulevrier*, pour y construire le Monastère qu'elles occupent aujourd'hui, qui fut bâti aux dépens d'une dame Angloise, ainsi que leur église qui fut achevée en 1667 et consacrée à l'honneur de Jésus et de Marie, par M. *André Linch*, Evêque de *Finebore* en Irlande, l'année suivante le 31 août. La simplicité de ce Temple répond à tous égards à la sainte pauvreté de ces Vierges qui fait leur plus grande richesse. » (Lecoq de Villeray, *Abrégé de l'Histoire de la Ville de Rouen*, page 451, Rouen, 1759).

« Les *Gravelines*. Ces Religieuses étoient établies depuis longtems à Gravelines, lorsqu'elles quittèrent cette ville pour venir à Rouen, en 1644, et quelque tems après elles firent bâtir leur Monastère au haut de la rue Maulévrier.

Elles suivent la première règle de Sainte Claire et sont très-pauvres. Elles sont toutes Angloises. Madame Le Vavassour, abbesse. Madame Le Vavassour, dépositaire. M. l'abbé Terrisse, supérieur. » (*Tableau de Rouen*, 1775, p. 155. — *Ibid.*, 1776, p. 158. — *Ibid.*, 1779, « M. Moricet, organiste, rue des Minimes, » p. 172. — *Ibid.*, 1788. « Mme Smith, abbesse. Mme Marie Chaduick, dépositaire. M. l'abbé de Goyon, supérieur, p. 118).

« On fit aussi, à la grande Révolution, de l'église des Pénitents dans la rue Saint-Hilaire, une maison de sûreté sous le nom de *François*. Le séminaire Saint-Vivien servit de maison de réclusion pour les prêtres *insermentés* (Ventôse an III de la République). Les femmes suspectes d'*incivisme*, ayant fils ou frère émigré, furent logées aux *Gravelines*.... Le 6 Frimaire an III, il y avait.... 10 femmes aux Gravelines.... » (Ch. de Robillard de Beaurepaire, *Recherches sur les anciennes prisons de Rouen*, p. 69-70. Rouen, 1861.)

« *Gravelines* est le nom d'une ancienne Communauté de Religieuses Anglaises de Sainte-Claire, qui s'établirent à Rouen après la prise de la ville de Gravelines par l'armée de Louis XIV, en 1644. Ces Religieuses se logèrent d'abord rue du Grand-Maulévrier, et entrèrent en 1652 dans un local qu'on leur avait fait construire au haut de la rue du Petit-Maulévrier. Cette Communauté fut supprimée vers 1792. Son local servit, pendant plusieurs années, de maison de détention et de logements particuliers. Il est maintenant occupé (1819) par des dames du premier Monastère de la Visitation de Sainte-Marie qui y ont établi un pensionnat. » (P. Périaux, *Dictionnaire indicateur des rues et places de Rouen*, p. 111. Rouen, 1819.)

« Les dames Anglaises de Gravelines. — Les Sœurs de la Visitation.

Encore de pieuses filles exilées.... et venues sur terre de

France, alors terre de foi et de piété, pour être libres de prier Dieu comme l'avaient prié leurs mères.

Voici ce que je lis dans Farin au sujet de leur Communauté:

« L'an 1644, après la prise de Gravelines par l'armée de Louis XIV, Roy de France, les Religieuses de Sainte-Claire, établies depuis longtemps en ladite ville, ne pouvant supporter les alarmes et les dangers d'une guerre importune qui renaissait tous les ans, quittèrent cette ville frontière, sujette à tant de malheurs, pour trouver du repos et un asile contre toutes sortes d'hostilités.

» Elles furent logées au commencement fort à l'estroit, au milieu de la rue du Grand-Maulévrier et, huit ans après, à sçavoir l'an 1652, elles vinrent demeurer au haut de la même rue, au Monastère où elles sont maintenant, Monastère qui fut construit aux frais d'une dame Angloise qui eut compassion de les voir dans une maison de louage. »

Cette maison, bâtie par une noble Anglaise pour ses compatriotes pauvres, humbles et fugitives, n'appartient plus à l'ordre de Sainte-Claire.... : mais, comme tant d'autres Couvens, celui-ci n'a pas changé de destination.

Les dames Anglaises faisaient le bien, priaient Dieu ; les Sœurs Françaises de la Visitation qui y sont aujourd'hui prient Dieu et font le bien, comme leurs saintes devancières.

J'ai visité tout récemment (1835) leur maison, humble d'apparence et riche de vertu..., et depuis que j'explore les vieux monuments de Rouen, je n'avais pas foulé de plus illustres sépultures que celles du cloître et de l'église des Sœurs de la Visitation.

J'ai lu là des noms qui disent à eux seuls toute une histoire de fidélité.

Les noms de Taylor, de Strickland, de Tasse, de Fingal, de Weston, de Smith, de Chadwick, de Bedingfield, de Giffard, de Shelley, noms que les annales Anglaises de *loyalty*, (royalisme), de dévouement à Dieu et aux Stuarts, conservent avec orgueil.

Auprès de ces noms d'outremer, j'en ai lu de ce pays-ci ; entr'autres un des plus anciens et des plus illustres de la

Normandie, celui de *Le Roux d'Esneval.* Sur une plaque de marbre noir j'ai lu :

« Les prières que vous adressez pour la mère, oh ! chastes Vierges du Seigneur, adressez-les aussi pour l'âme de sa fille Anne-Marie-Françoise Le Roux d'Esneval, veuve d'Armand-Michel de Pommereu, Président du Parlement de Rouen, morte digne de beaucoup de larmes, le 22 juin 1784. »

Sur une autre pierre :

« A très-noble et très-pieuse dame Anne-Marie-Françoise Le Roux d'Esneval, vingt-et-un ans épouse et vingt-deux jours veuve de Michel de Pommereu, Président, etc., etc. »

.... « Ce monument pieux a été élevé à sa fille bien-aimée par Pierre-Robert Le Roux d'Esneval, Président à mortier au Parlement de Rouen, inconsolable de la perte de son épouse, de son gendre et de sa fille chérie. — O vous qui passez devant cette pierre, voyez s'il est une douleur égale à sa douleur ! »

Plus loin, dame Françoise-Catherine Clerel de Rampen, autrefois épouse de Messire Pierre-Robert Le Roux d'Esneval d'Acquigny..., qui a voulu dormir dans le pieux asile des Vierges du Seigneur, morte à vingt-neuf ans !

Je suis descendu, il y a peu de jours, dans le caveau funèbre des d'Esneval, et j'ai vu là le cercueil de plomb de cette jeune morte de vingt-neuf ans ! Pour elle on avait déployé tout le luxe de la mort : ce cercueil de plomb avait été recouvert d'une châsse en bois, et, entre la première bière et la seconde, de riches étoffes de damas rouge et or avaient été tendues et si parfumées de myrrhe et d'encens, que les petits lambeaux qui en restent en sont encore tout imprégnés... Sur ce drap de soie des reliquaires avaient été posés, ainsi que de saintes médailles.

Par une extrême obligeance, que je vanterais beaucoup si je ne craignais de contrister la modestie de Mme la Supérieure de la Visitation, la pierre qui était scellée sur la bouche du caveau a été levée pour que je pusse en visiter l'intérieur ; j'y suis donc descendu avec un de nos meilleurs peintres de Rouen, M. Legal...., et ce n'était pas, je vous assure, avec des cœurs sans émotion que nous pénétrions dans ces sombres régions de la mort.

Nous avons vu là avec quels soins la religion garde les tombeaux qui lui sont confiés : la jeune et grande dame qui dormait dans ce caveau avait voulu que des reliques fussent près d'elle. Eh bien ! le tems ayant consommé et réduit en poudre les ossements des saints qui avaient été placés sur son cercueil Mme la Supérieure, pour entrer dans la pensée de la morte, en a fait remettre d'autres.

Oh ! ce n'est pas là qu'on se rit des volontés des trépassés !

Dans ce même caveau, il y a plusieurs petits enfoncemens dans le mur : chacune de ces petites niches peut avoir un pied carré au plus ; là des têtes de morts sont placées, une de ces têtes est posée derrière deux barres de fer, et de là a l'air de vous regarder.

Au-dessous, sur une petite plaque de marbre, on lit :

« Isidore Bailly, trappiste, mort à vingt-trois ans, après avoir édifié la maison de la Trappe. »

Ainsi, les deux hôtes de ce caveau sont une femme de vingt-neuf ans et un homme de vingt-trois !

Comptez donc sur de longs jours !

Dans une chapelle latérale se voit une pierre en losange avec ces mots : *Shelley, nobilis juvenis* (1), et au-dessus de cette inscription, un écusson avec trois coquilles de pélerin.

Pauvre jeune pélerin, il n'a pu regagner son pays, et le voilà couché sur une terre d'exil.

En lisant les épitaphes de tous ces tombeaux, il me semblait relire ce que j'avais vu gravé sur des tombes françaises à Londres : là aussi on avait mis les mots : *Fidèles à leur Dieu, à leur Roi !*

Les siècles, en amenant mêmes épreuves, amènent mêmes courages ; et ce qui fait mieux sortir de ces grandes épreuves, ce qui honore le mieux ces grands courages, c'est le catholicisme... Aussi, heureux sont ceux qui dorment sous son aile !

Le Couvent de la Visitation possède plusieurs bons tableaux : celui du maître-autel se fait remarquer par de beaux détails : on ne sait à quel maître l'attribuer.

Un tableau de la mort de Saint-Alexis, présumé de Lesueur.

(1) Shelley, noble jeune homme.

L'apothéose de Saint François de Sales, par Sacquespée.

Le martyre d'un saint que l'on plonge dans une chaudière d'huile bouillante, attribué à Lemonnier, de Rouen.

Dans la tribune au-dessus du chœur des religieuses, deux anges contemplant la sainte face sur le voile de Sainte-Véronique (1). Ce tableau, d'une touche aussi ferme que hardie, est d'un effet vigoureux et rappelle la manière de Rembrandt ; il y a aussi une grande originalité de touche dans les atles et les draperies.

Un tableau de la Sainte-Vierge, de l'enfant Jésus et de Saint-Joseph ; ce dernier montre à l'enfant divin la croix qui lui apparaît dans le Ciel comme un pressentiment ; la Sainte-Vierge, les yeux demi-baissés, dans l'attitude de la méditation est une des plus belles têtes en ce genre ; enfin la pensée religieuse est complétée par le serpent qui enlace le globe que la croix pourra seul délivrer.

Ce tableau, traité à la manière de l'école italienne, nous a cependant rappelé davantage le faire de Mignard.

(1) On a donné le nom de *Véronique* à une représentation de la face de Notre-Seigneur imprimée sur un linge que l'on garde à Saint-Pierre de Rome. Quelques-uns croient que ce linge est le suaire qui fut mis sur le visage de J.-C. après sa mort ; d'autres prétendent que c'est le mouchoir avec lequel une sainte femme essuya le visage du Sauveur, couvert de sang et de sueur, lorsqu'il montait au Calvaire. Quoiqu'il en soit, ce linge est appelé *Veronica*, qui signifie vraie image, étant composé de *vera* et d'*iconica*, mot que l'on trouve dans quelques anciens pour *icon*. Le sentiment de ceux qui prétendent que Véronique est le nom de la pieuse femme qu'ils disent avoir essuyé la face du Sauveur, ne paraît appuyé que sur certains tableaux où est représentée une femme tenant la *Véronique* dans ses mains. La fête de la *Véronique* n'a été instituée dans quelques églises que pour honorer le Sauveur à l'occasion d'une image de sa sainte face. Voyez : Papebroch, *Act. Sanct. Maii*, tome VII, p. 356. — Chastelain, *Notes sur le Martyrologe Romain*, p. 201. — Chaudon et Delandine, *Dict. historique*, art. *Véronique*. — Godescard, *Vies des Pères* etc., 13 janvier, *note*. — Tillemont, *Mémoires pour servir à l'hist. ecclésiastique*, tome I, p. 447. — Baillet, *Vies des Saints*, au *Mardi de la Quinquagésime*. — L'abbé J. B. E. Pascal, *Institutions de l'art Chrétien*, tome I, p. 170. — Joannes Molanus et Joannes-Nathalis Paquot, *de Historia SS. Imaginum*, p. 407. *N. D. T.*

Dans la même salle, une Madeleine peinte tout-à-fait dans la manière de Rembrandt ; la tête, qui se détache en pleine lumière sur un fond obscur, est d'un extrême naturel. Dans tout le faire de ce tableau, une grande fermeté se fait admirer.

Au parloir Sainte-Marie, un tableau de Restout, peintre de Rouen et neveu de Jouvenet ; le sujet est l'apothéose d'une Religieuse. Couleur harmonieuse et composition bien ordonnée, mais une mollesse qui fait aisément reconnaître le nom de l'auteur.

Une adoration des Mages.

Une visitation.

Un portrait de dame en Sainte-Cécile, par Jouvenet.

Deux saints, de M. Désoria.

Un portrait de Supérieure de la Communauté, par le même.

Un autre portrait d'une Abbesse, par M. Parelle, de Rouen.

Le jour où j'allai demander la permission de visiter cette maison, dont les sœurs consacrent leur temps non-seulement à la prière, mais encore à l'éducation des jeunes personnes, c'était le jour de ma fête, la *Saint-Joseph ;* j'entrai dans l'église, et, comme pour me prendre tout de suite par le cœur, je vis que ma chaise était placée sur une tombe où je reconnus un nom Irlandais, un nom allié à mon nom... Après vêpres et avant le salut, on dit les litanies de Saint-Joseph. C'est lui que dans les maisons religieuses on invoque pour *une bonne mort.*

Pour les gens du monde, c'est toujours une bonne prière à faire.

Pendant le salut, le soleil éclairait merveilleusement le tableau et les reliquaires dorés de l'autel : un instant il resplendit sur la radieuse Eucharistie... ; je vis aussi descendre ses rayons sur une tête de Sainte-Claire ; ce crâne blanc, couronné de fleurs roses, éclairé par un soleil du soir, avait, pour parler le langage, *bien de la poésie !*

Le lendemain, pendant l'exploration de la Communauté, Mme la Supérieure, une Religieuse et moi, nous nous reposâmes dans la grotte de Sainte-Madeleine, grotte entièrement vêtue de rocailles et de coquilles nacrées.... C'est là un ressouvenir de l'Angleterre ; les vieux jardins anglais avaient presque toujours ce genre d'ornement.

Ici, les saintes filles exilées pensaient encore à la patrie absente ; la religion ne commande pas de l'oublier.

L'inscription suivante se voyait autrefois au-dessus de la porte d'entrée du Couvent des *Dames Gravelines :*

« *Mater Salvatoris nostræ Salutis Domina, ora pro nobis et pro salute Angliæ* (1). »

Les filles exilées de Sion, retenues captives sur les bords de l'Euphrate, priaient aussi pour Jérusalem.

Pendant les temps de vertige et de terreur, ce Couvent des Gravelines était devenu la prison de la noblesse de Rouen. ..... Cette maison a été, plus tard, sauvée de la destruction ou de la profanation, par un des plus honorable négocians de Rouen, M. Garvey, appartenant aussi par sa noble famille, à la Catholique Irlande. » (Vicomte Walsh, *Explorations en Normandie*, Rouen, p. 494. Rouen, 1835)

M. Ch. de Beaurepaire, Archiviste du département de la Seine-Inférieure, a eu l'obligeance de communiquer les renseignements suivants, puisés dans les archives qu'il sait si bien explorer :

« Du fonds de l'Archevêché, sous le n° 1289, on a quelques pièces dont voici l'analyse : Visite du Monastère des Gravelines, par Robert Le Cornier, docteur en Théologie, vicaire-général de Mgr François de Harlay ; ordonné qu'il n'y sera reçu tant au voile qu'à la profession que les seules filles Anglaises, et autres du royaume de la Grande-Bretagne ; défense à la mère abbesse d'en recevoir d'autres. — Confirmation de l'élection comme abbesse des Gravelines, de sœur Françoise de Saint-Benoît, de Marie-Catherine Smith. — Réduction de la fondation de Marie-Françoise-Madeleine Le Verrier. — Requête présentée à Mgr Colbert par Madeleine de Civille, veuve du Président de la Ferté, afin qu'il lui soit

(1) Mère de notre Sauveur, Notre-Dame-du-Salut, priez pour nous et pour le salut de l'Angleterre. — Cette inscription se trouve actuellement placée dans la chapelle. *N. D. T.*

permis d'avoir chez elle une chapelle domestique, parce que la maladie ne lui permettait pas d'aller entendre la Messe qu'elle avait fondée aux Gravelines. »

« Le 25 octobre 1792, les Gravelines de Rouen adressèrent la lettre qu'on va lire aux membres du Conseil général de la Commune de Rouen :

Citoyens,

Nous avons reçu votre lettre du 22 de ce mois avec copie de celle que vous a écrit le District de Rouen en datte du 20 de ce mois.

Notre maison n'a jamais été le réceptacle des Religieuses Françaises et nous ne sçavons qui a pu nous faire dénoncer à ce sujet. Il est vrai que des Religieuses de Montargis qui attendoient des passeports pour l'Angleterre ont réclamé l'hospitalité auprès de nous : nous feroit-on un crime de les avoir reçues pendant quelques jours, tandis qu'il est notoire que nous en avons prévenu la municipalité et que nous avons demandé s'il seroit possible de leur délivrer des passeports. Nous avons fait la même demande au district et au département et si elles sont restées si longtemps dans notre maison c'étoit bien contre notre gré, et nous avons fait tout ce qui dépendoit de nous pour nous en débarrasser. Une seule Religieuse de cette ville étoit dans notre maison comme pensionnaire, et le moment que nous avons reçu votre lettre, nous l'avons congédiée, quoiqu'elle ne menoit pas la vie commune.

La seconde dénonciation porte que nous conservons l'habit religieux, ce qui est vrai. Mais si vous croyés que nous sommes comprises dans la loi qui défend de paroître en public avec cet habit, nous nous soumettons de le changer le plutôt qu'il nous sera possible, en vous observant toutefois que les maisons religieuses à Paris, n'ont jamais reçu pareil ordre.

Nous vous prévenons que nous avons écrit à nos amis en Angleterre, pour nous faire passer des fonds pour l'achat de ce qui est nécessaire pour changer notre habillement et nous nous flattons que jusqu'à ce que nous recevions ces fonds vous ne tirerez pas à rigueur étant quarante Religieuses qui ne peuvent toutes se vêtir à neuf d'un moment à l'autre, vu la modicité de nos moiens. Nous espérons que vous nous accorderés notre demande d'autant plus facilement que nous ne sommes vues de personne pas même au parloir. »

Marie-Catherine Smith, Supérieure. Marie-Joseph Chadwick, dépositaire.

Autre lettre intéressante concernant les Communautés Anglaises du diocèse de Rouen :

« A Monsieur l'Archevêque de Rouen (Nicolas-Charles de Saulx-Tavanes), Pair de France, à Rouen :

Fontainebleau, 21 Octobre 1745.

Sur le compte, Monsieur, que j'ay rendu au Roy de la délicatesse que vous avez eue de suspendre la permission qui vous a esté demandée par les *Bénédictines* Angloises de votre diocèze de faire des prières publiques de Quarante heures, pour la prospérité des armes du Prétendant, jusqu'à ce que vous fussiez instruit des intentions de S. M. à cet égard, S. M. ne pouvant que louer la piété de ces Religieuses a aprouvé que vous leur permettiés ces prières dans les chapelles de leurs Communautés avec la précaution cependant de ne leur accorder cette permission, soit par vous-mesme, soit par vos grands-vicaires que verballement et non par écrit et de leur deffendre toutes affiches, promesses d'indulgences, ou autres annoncent (*sic*) qui puissent tenir de la publicité en quelque façon que ce soit : Vous connoissés les sentiments parfaits avec lesquels j'ai l'honneur d'estre, Monsieur, votre très-humble et obéissant serviteur.

D'ARGENSON.

Plus bas, de la main dudit d'Argenson :

On en use ainsy à Paris, où les Religieuses et Communautés Angloises et Irlandoises font des prières continuelles, depuis l'entreprise du Prince Edouard. »

On lit dans la *Semaine Religieuse du Diocèse de Rouen*, du 29 juin 1872 :

« Les Clarisses Anglaises ou Gravelines habitaient le Couvent occupé aujourd'hui par les Sœurs du premier Monastère de la Visitation. Ces Religieuses étaient toutes de nationalité Anglaise et ne pouvaient se recruter que parmi leurs compatriotes. Elles avaient été établies primitivement à Gravelines en Flandre. Lorsque cette ville fut prise par Louis XIV en 1644, fatiguées sans doute des siéges et des guerres auxquels cette ville frontière était sans cesse exposée, les Clarisses Anglaises quittèrent Gravelines et vinrent, au nombre de seize, chercher un refuge parmi nous. En 1651, elles posaient la première pierre de leur Monastère, et en 1667 elles avaient la consolation de voir leur chapelle dédiée par un évêque Irlandais.

Ces Religieuses avaient, comme nos Clarisses, embrassé l'étroite observance de leur règle et faisaient profession d'une très-grande pauvreté. Elles étaient nombreuses cependant. Le Pouillé de 1776 compte trente-cinq Religieuses de chœur et six converses. Comme elles n'avaient d'autres revenus que la charité des fidèles, elles se trouvaient parfois réduites à une extrême indigence. Quand le pain venait à manquer, elles sonnaient leurs cloches. C'étaient un signal convenu avec les Religieuses de la Visitation qui habitaient non loin d'elles, (les bâtiments de Sainte-Marie, le Musée actuel des antiquités etc.) Aussitôt, les Sœurs tourières de la Visitation accouraient les mains pleines de provisions, données et reçues avec une égale affection.

Les Gravelines, nous le dirons plus tard, n'étant pas soumises, comme Anglaises à la loi, n'eurent pas à subir d'interrogatoire. »

On lit dans la *Semaine Religieuse du Diocèse de Rouen*, du 7 septembre 1872 :

« ..... L'église des Gravelines (religieuses d'origine Anglaise) ayant été exceptée de cette mesure, (la fermeture par ordre des Révolutionnaires) les catholiques s'y rendirent en foule. Le 23 juin (1791) des scènes de violence eurent lieu à la sortie du salut, et nombre de fidèles furent frappés et molestés par des gens à toute main, aux gages des clubs. Le 26 juin, la police vint fermer l'église des Gravelines comme elle avait fait pour les autres (communautés). C'est alors que le Cardinal de la Rochefoucauld, (Archevêque de Rouen), mis au courant de la situation, autorisa, le 31 août, ses grands-vicaires à permettre aux Communautés religieuses de laisser entrer les fidèles dans leurs églises par l'intérieur de leurs maisons, pour y assister aux offices, ce qui a eu lieu, dit notre journal, avec toute la décence possible. »

LISTE AUSSI COMPLÈTE QUE POSSIBLE

DES

ECCLÉSIASTIQUES NORMANDS

Morts en Angleterre depuis la fin du dernier siècle (1).

Jean-Clément Beuzelin, prêtre du Havre, diocèse de Rouen, mort à Guildford, le 26 mars 1793, âgé de 71 ans. (L'abbé Lecomte, *les Eglises et le Clergé de la ville du Havre*, p. 156).

François Lemonnier, ancien curé de la Poterie, diocèse de Rouen, mort à Winchester, le 4 juillet 1795 âgé de 68 ans. (L'abbé Lecomte, *les Egl. et le Clergé de la ville du Havre*, p. 148).

Jean-Guillaume-Isaac Saffray, vicaire de Saint-François du Havre, diocèse de Rouen, mort à Guildford, le 31 décembre 1795, âgé de 64 ans. (L'abbé Lecomte, *les Egl. et le Clergé de la ville du Havre*, p. 233).

Vincent-Jacques Auvray, ancien vicaire du Pollet de Dieppe, diocèse de Rouen, religieux trappiste à Lulworth, sous le nom de *frère Augustin*, mort le 14 décembre 1796, âgé de 48 ans, (*Galerie Dieppoise*, p. 135).

Joseph-Dominique de Cheylus, évêque de Bayeux, mort à Jersey, le 22 février 1797, âgé de 80 ans. (F.-C. Dolé, *Le Père des Pauvres*, p. 41).

(1) Cette liste est extraite de l'*Obituaire* inséré dans l'*Ordo recitandi officii divini*, publié chaque année en Angleterre, et qu'on nomme vulgairement : *Directory*. Par les notes suivantes, on complétera et on corrigera au besoin l'*Obituaire*. *N. D. T.*

Jacques-Auguste Bastille, curé de Bolleville, diocèse de Rouen, mort à Farnham, le 6 mai 1797, âgé de 71 ans. (L'abbé Lecomte, *les Egl. et le Clergé de la ville du Havre*, p. 155).

Philippe-Thomas Taveau, principal du Collége du Havre, diocèse de Rouen, mort à Chichester, le 19 avril 1798, âgé de 54 ans. Il est auteur de divers ouvrages. (*Ibid. Ibid.*, p. 163).

QUELQUES NOMS DE PRÊTRES DU DIOCÈSE DE ROUEN MORTS EN ANGLETERRE

D'après l'*Almanach Liturgique* pour 1873 :

François Vion, chapelain de Montivilliers, mort âgé de 68 ans, le 15 août 1793.

Charles-Thomas Romy, vicaire de la Remuée, mort âgé de 38 ans, le 7 janvier 1794.

Paul-François de Loucelles, curé de la Remuée, mort âgé de 64 ans, le 1er mai 1794.

Antoine Caumont, curé de Grand-Couronne, mort le 26 octobre 1796.

Nicolas-François Dalican, curé de Saint-Valery-en-Caux, mort le 29 décembre 1796.

Jean-Marie Petit, curé d'Anneville, mort le 30 janvier 1797.

Louis-Pierre Le Vasseur, vicaire d'Angerville-l'Orcher, mort âgé de 55 ans, le 6 avril 1797.

Jacques-Joseph Leroux, vicaire de Villequier, mort le 11 mai 1797.

André-Nicole Heurtault, prêtre à Rouen, mort le 20 mai 1797.

.... Le Chandelier, curé de Gerponville, mort le 30 septembre 1797.

.... Gaubert, capucin de Rouen, mort le 30 septembre 1797.

Du 1er septembre 1797 au mois de septembre 1798.

Michel-Ange de Talaru, évêque de Coutances (1).
Jacques-François Le Blond, prêtre, Lisieux.
Louis Salmon, vicaire de Vasteville, Coutances.
Jacques Cottun, vicaire de Cahagnelles, Bayeux.
Louis Regnault, chanoine et archidiacre de Lisieux.
Etienne Vasselin, curé d'Héronchel, Rouen.
Pierre Picot, curé de Valcanville, Coutances.
François Le Maître, curé de Villers-sur-le-Roule, Evreux.
Germain Richard, vicaire de Gueron, Bayeux.
Michel Roussel, curé d'Airan, Bayeux.
Antoine Heurtevent, vicaire d'Ozeville, Coutances.
Julien Travert, vicaire de Digoville, Coutances.
Thomas Le Fèvre, prêtre de Tréauville, Coutances.
Réné Le Noir, curé du Mesnil-sous-Lillebonne, Rouen.
Paul-François Bernier, curé de Vary, Séez.
Jean-Baptiste-Charles de Thienville, curé de Barneville, Lisieux.
Dom Anthelme Guillemet, profès de la Chartreuse de Bourbon-lès-Gaillon, âgé de 86 ans, de profession 56, Evreux.
Jean Moulin, Coutances.
Louis Briand, Bayeux.
Jean Guerrier, Coutances.
Louis-Alexandre Cahour, prêtre de Mondray, Coutances.
Jacques Jeanne, curé de Saint-Martin-Vacogne, Bayeux.
François Vicquenel, curé de Frémonville, Lisieux.
Pierre Pillard, curé de Saint-Maclou-la-Bruyère, Rouen.
Noël-Nicolas Fécamp, curé de Saint-Honoré et doyen de Longueville, Rouen.

(1) Il mourut à Londres, le 20 mars 1798, âgé de 72 ans. (L'abbé Lecanu, *Histoire des Evêques de Coutances*, p. 372).

Jean-Gabriel Moulin, vicaire de Poilley, Avranches.
Louis-Charles-Marie Chemin, prêtre d'Honfleur, Lisieux.
Nicolas-Auguste Trinité, curé de la Haye-Malherbe, Evreux.
Jacques-François L'Huillier, vicaire d'Orval, Coutances.
Emmanuel-Frédéric Le Cointe, de Caen, Bayeux.
Jean-Charles Le Bas, curé de Manneville, Bayeux.
Guillaume-Louis Formeville, curé du Boishellain, Lisieux.
Jacques Le Blond, curé de Veret, Bayeux.
Jean-Charles Gueret, prêtre de Digauville, Coutances.
Mathieu-René de Langle, chanoine, archidiacre d'Evreux.
Jacques-François Richard, curé de Saint-Laurent-de-Verneuil, Evreux.
Nicolas-Jacques-François Mouquet, curé de Normanville, 1re portion, Rouen.
Guillaume-Alex-Jacques Langlois de Raffetot, Rouen.
Gahiel Le Grand, curé de Bretteville, Bayeux.
Guillaume de la Haye, curé de Belbeuf, Rouen.
Alexandre-Armand Le Bailly-Menager, chanoine de la Cathédrale, Rouen (1).
Jean-Antoine Mahieu, curé du Havre-de-Grâce, Rouen (2).
Jacques-Antoine Chandellier, Séez.
Jean-Jacques-Pierre-Eustache Etienne, curé d'Ernetot, Bayeux.
.... Rivière, vicaire de Neuville, Lisieux.

(1) Dans le *Magasin Normand* du 15 janvier 1866, nous avons consacré une notice à ce chanoine, dont nous avons écrit ainsi le nom : *Le Baillif-Mesnager*.

(2) Jean-Antoine Mahieu, curé du Havre, mourut à Winchester, le 30 juillet 1798, âgé de 70 ans. (L'abbé Lecomte, *les Egl. et le Clergé de la ville du Havre*, p. 159). Nous ferons observer que cette désignation de *curé du Havre* n'a pas totalement disparu, malgré les différentes paroisses érigées sur le territoire de cette ville importante. Et telle en est la cause. Jusqu'à la grande Révolution, le curé de Saint-Michel d'Ingouville joignait à son titre les deux *annexes* de Notre-Dame et de Saint-François du Havre ;

QUELQUES NOMS DE PRÊTRES DU DIOCÈSE DE ROUEN

Morts en Angleterre du 1er septembre 1799 au 1er septembre 1800 d'après l'*Almanach Liturgique* pour 1873 :

Jean-Alexis de Balesdent, curé de Saint-Eloy de Fourques, (doyenné de Bourgtheroulde).

Jean-Baptiste Brissard, vicaire à Rouen.

Nicolas Guérin, curé de Grandcourt.

Jean Duhamel, curé de Saint-Vigor de Rouen, (depuis 1778).

Jean Dutol, chapelain de Blosseville.

André Ricard, curé de Saint-Denis-d'Aclon.

Pierre-Jacques Châtel, curé de Belleville-sur-Mer. (Voir : *Calendrier Normand et Analectes*, p. 137).

Martin Biville, curé de Beuzeville-la-Guérard.

Nicolas-Joseph Gy, curé de Sainte-Foy-sur-Longueville.

Richard-François Bignon, prêtre à Rouen.

Etienne-Félix Rondeau, chanoine régulier, prieur et curé de Hautot-Saint-Sulpice.

Jean-Guillaume Paugny, vicaire à Rouen.

Du mois de novembre 1801 au mois de septembre 1803.

Nicolas-Philippe Le François, prêtre, Coutances.. 50 ans.

Georges-Noël Le Blanc, curé de Saint-Ouen-Ménillager (1), Bayeux. . . . . 46 —

ce qui le faisait connaître de préférence, et surtout à l'étranger, sous le nom de curé du Havre-de-Grâce.

— Gérault-Denis Bruzent, curé des Loges, diocèse de Rouen, mourut aussi à Winchester, le 2 octobre 1800, âgé de 68 ans. (L'abbé Lecomte, *les Egl. et le Clergé de la ville du Havre*, p. 161).

— Pierre-Joseph-Hyacinthe Liot, prêtre du Havre, diocèse de Rouen, mourut près de Winchester, le 3 décembre 1801, âgé de 52 ans. (L'abbé Lecomte, *les Egl. et le Clergé de la ville du Havre*, p. 144).

— Jean-Marie-Romain Moutier, prêtre du Havre, diocèse de Rouen, mourut aussi en Angleterre. (L'abbé Lecomte, *les Egl. et le Clergé de la ville du Havre*, p. 233).

(1) Du Mesnil-Oger, près Troarn.

Jean-Baptiste Aubry, curé de Cressanville (1), Rouen 60 ans.
Louis-Guillaume Faucon, curé de Saint-Germain de Villers-Bocage, Bayeux. . . . . 77 —
Julien Piquet, vicaire de Sauville (2), Coutances. . 41 —
Noël Durand, prêtre Bayeux. . . . . 60 —
Antoine-Joseph Mabire, curé de Saint-Vivien, Rouen (3). . . . . —
Claude-François-Nicolas de Méry de Berthauville, doyen du Chapitre collégial du Saint-Sépulcre de Caen et vicaire-général du diocèse de Bayeux. . 83 —
Guillaume Bobée, curé d'Hiébleron (4), Rouen. . 72 —
.... Collos, curé de Saint-Etienne-du-Rouvray (5), Lisieux. . . . . 66 —
Charles Suzé, vicaire de Vattetot (6), Rouen. . . 54 —
Athanase Bringaut, curé de Guitrancourt (7), Rouen 63 —
.... Boudin, curé de Saint-Léonard d'Honfleur, Lisieux. . . . . 48 —
Pierre-François Méry, curé de N.-D. de Caen et doyen *de la Chrétienté* (8), Bayeux. . . . . . . 81 —
Julien Serrant, curé du Val-St-Père, près Avranches 76 —
Pierre de la Brèque, curé de Saint-Silvain, Rouen. 90 —

(1) Près du Pont-Saint-Pierre.

(2) Vauville, Siouville ou Rauville ?

(3) Depuis 1781, (*Tableaux de Rouen*).

(4) Yébleron, près Fauville.

(5) Près Rouen, Exemption de Lisieux.

(6) Vattetot, sur le Pont-Audemer, Vattetot-sur-Mer, Vattetot-sur-Beaumont ?

(7) Près Mantes.

(8) Il est à remarquer que le diocèse de Bayeux, connaissait deux doyennés *de la Chrétienté*, celui de Bayeux et celui de Caen. On trouve des archidiaconnés ou doyennés de Chrétienté à Rouen, à Amiens, à Coutances, à Paris, à Soissons, à Cambray, à Tournay, à Laon, à Trèves, à Exeter et à Lincoln. (L'abbé Cochet, *le Tombeau de Childéric*, p. 58. — Fleury, *Hist. ecclés. contin*, t. XXIX, p. 670).

Jean Vase, curé de Grainville-la-Renard (1), Rouen. 62 ans.

Etienne de Gournay, curé de Clinchamps, Coutances. 61 —

Guillaume Boyard, vicaire de Butot (2), Rouen. . 73 —

Louis-Alexandre Domiencourt, curé de Tourville-sur-Arques, Rouen. . . . . 66 —

Charles Hodierne, curé de Saint-Ouen-le-Paingt (3), Bayeux. 70 —

Philippe-Augustin Gosset, curé de Quibou, portion du Val (4), Coutances. . . . . —

Jean-Nicolas Le Charpentier, curé de Chaulieux (5), Avranches. . . . . 64 —

Augustin de la Fosse, prêtre, Lisieux. . . . . . 64 —

Gilles de Launoy, vicaire de Luqueville, Bayeux. 50 —

Louis-Clément Le Gendre, curé de Scos (6), Rouen. 73 —

M. de Malfilâtre, prêtre, Bayeux. . . . . —

.... Anseaume, prêtre, Séez. . . . . —

Nicolas Baurin, curé du Bois-Heulin (7), Rouen. 73 —

Jacques Dubois, curé de Plainville, Séez. . . . . .. —

Pierre-Joseph Cliquot, chanoine régulier, curé de Venestanville (8), Rouen. . . . . —

1804

3 février. Louis-Jacques du Mesnil-Aumont, curé-prieur de Bray-la-Campagne, Bayeux. . . 74 ans.

(1) Près Fontaine-le-Dun.

(2) Butot-en-Caux ou Butot-sur-Claire ?

(3) Le Pin, près Cambremer.

(4) Près Saint-Lô.

(5) Saint-Martin ou Saint-Sauveur ?

(6) Ecos, près Vernon.

(7) Bois-Hulin, près Longueville.

(8) Vénestanville, près Bacqueville était un bénéfice auquel nommait le Prieuré de la Madeleine de Rouen.

1804

8 mars.	Jacques Auvray, vicaire d'Osboc (1), Rouen.	73 ans.

1806

22 novemb.	Jean-Baptiste Dubois Auvray, religieux capucin, Bayeux.	—
20 décemb.	Jean Coipel, curé de Manneville (2), Rouen.	—
26 décemb.	Pierre Pichot, vicaire de Tirepied, près Avranches.	—

1807

15 mars.	Thomas Baudouin, curé de l'Aunay, (sur Duclair), Rouen.	—
14 avril.	Alexis Tilly, curé d'Ecardenville (3), Evreux.	
22 septemb.	Jean-Baptiste Carbonnel, curé de la Vacquerie (4), Evreux. . environ	80 —

1810

18 juin.	Jean-Baptiste-Ursin Yvon, prêtre, Avranches.	—
13 novemb.	.... Renoult, curé de Saint-Georges de Livris (5), Avranches.	—
27 novemb.	Jacques Quesnel, prêtre, Rouen. . . .	—
8 décemb.	.... Besnier, curé de Montebourg, Coutances.	—

1811

1er mars.	Jacques-François Guillois, prêtre, Séez.	—

(1) Auzebosc, près Yvetot.

(2) Manneville-la-Goupil ou Manneville-ès-Plains ?

(3) Près Beaumont-le-Roger.

(4) Près Louviers.

(5) Saint-Georges-de-Livoie, près Avranches ?

1813

8 juin. .... Bouchard, curé en Normandie.

— Ives Dancel, curé de Mandeville ? . . . . ans.

» février (?) Pierre-Charles Fleury, prêtre du diocèse de Coutances, mort à Swinnerton-Hall, près de Stone, Staffordshire. . . . . —

1814

17 décemb. Louis Hamel, prêtre, Rouen. . . . 53 —

1815

27 mai. M. N. Hamard, prêtre, Séez. . . . 75 —

13 novemb. Exupère-Louis-Henri de Scelles de Saint-Sever, grand trésorier de Bayeux. . . . . 71 —

13 décemb. Guillaume-Michel Lermeront, curé dans la ville de Rouen (1). . . . . 77 —

1816

9 janvier. Jacques-Louis Hauchemail, vicaire-général, 1er dignitaire de Coutances. 71 —

5 mars. Jean-François Hédin, curé-doyen dans le diocèse de Rouen. . . . . . . 86 —

» avril. Bertrand-Gilles-Joseph Lecointe, prêtre, Rouen. . . . . 55 —

2 mai. François-Denis, prêtre, Coutances. . 67 —

4 juin. Pierre-François Lasseur, prêtre, Evreux. . . . . 57 —

8 septemb. Louis-François Duchâtel, prêtre du diocèse de Coutances, ayant résidé 14 ans à Spetisbury. . . . . . . 49 —

(1) Guillaume-Michel Lhermerot, était curé de Saint-Paul de Rouen depuis 1784, (*Tableaux de Rouen*). — Après le Concordat de 1801, son église étant pourvue d'un nouveau titulaire, on aura hésité à lui donner le titre de curé de Saint-Paul. — La même remarque peut s'appliquer à d'autres ecclésiastiques déjà cités ou qui vont suivre.

1816

14 septemb. .... Lemétais, prêtre, Rouen. . . 58 ans.

28 août. Jean Lemétais, prêtre, Rouen (1). . 57 —

1817

1er février. Jean-Louis-Lelièvre, prêtre, Avranches. . . . . 63 —

16 février. Jacques-François Bouchet des Marais, curé du diocèse de Séez. . . . . 72 —

20 février. François Longuet, prêtre, Séez. . . 48 —

20 mars. Jacques-Florent Duval, curé du diocèse de Coutances. . . . . 56 —

18 juin. Jean - Charles - Michel Bourgeaux, prêtre du diocèse de Rouen, directeur des Carmélites de Rouen. . . 57 —

30 juillet. Etienne-Firmin Rapilly, prêtre, Coutances. . . . . 57 —

28 novemb. Jacques Delafosse, curé du diocèse de Rouen, chapelain de Lady Arundell, et 23 ans directeur des Carmélites. . . . . 69 —

1818

5 janvier. François-Antoine Drogy, curé dans la ville (2) de Coutances. . . . . . 80 —

14 janvier. François-Marien Letailleur, curé du diocèse de Rouen. . . . . 69 —

28 mai. Jean-François-Nicolas Godquin, curé du diocèse de Rouen. . . . . . . 72 —

24 août. Léonard Péricaud, ancien vicaire-gé-général de Séez. . . . . 72 —

8 octobre. Jean-François Duboscq, curé dans le diocèse de Coutances. . . . . . . 67 —

(1) Qui pourrait bien être le même que le précédent.

(2) Saint-Pierre ou Saint-Nicolas.

1818

21 octobre.	Louis Chemin, prêtre du diocèse d'Avranches.	60 ans.
» août.	Antoine Gourdin, prêtre, Avranches.	67 —

1819

15 janvier.	Michel Grégoire, prêtre, Evreux. .	68 —
15 avril.	Jacques Letellier, prêtre, Rouen. .	67 —
3 septemb.	Charles-Adrien Langrenay, prêtre, Rouen.	55 —
6 novemb.	Louis-Fr. Le Grip, prêtre, Lisieux. .	59 —
12 décemb.	Jean-Louis Merlin, prêtre du diocèse de Rouen, mort dans le district du Nord de l'Angleterre.	51 —

1820

» novemb.	N.... Feuterel, prêtre, Avranches. .	61 —

1821

10 juillet.	Jean-Nicolas Lambert, ancien curé de Bolbec, Rouen.	73 —
16 ou 26 août	Louis Boucher, ancien curé de Villers-sous-Bailleul, Evreux.	80 —
24 septemb.	Louis Mangin, sous-diacre du diocèse de Rouen, mort à Winnal, près Winchester.	74 —

1822

15 janvier.	Guillaume Beaumont, ancien professeur de l'Université de Caen, diocèse de Bayeux et missionnaire de Lincoln, pendant 24 ans.	71 —
11 octobre.	Révérend Père Sciot, ancien prieur des Carmes de Rouen (1), mort à Londres.	76 —

(1) *Magasin Normand*, 15 mai, 1867, p. 7.

1823		
» août.	.... Teinturier, prêtre, Rouen. . .	.. ans.
29 décemb.	François Marie, du diocèse de Bayeux, mort à Coldham, près Bury S. Edmund's.	84 —
1824		
» mars.	.... Lécoufllet, vicaire du diocèse de Rouen (1), mort à Londres. . . .	73 —
» juillet.	.... Elloy, du diocèse d'Evreux, mort à Downside-College.	89 —
15 août.	Antonin Papillon, ancien curé du diocèse de Rouen, mort en chaire à Londres (2).	79 —
2 septemb.	Louis Saint-Pierre, du diocèse de Rouen, mort à Bosworth.	64 —
1825		
6 décemb.	F.-R. Clément du diocèse de Rouen, mort à Londres.	66 —
1827		
27 février.	Jean-Nicolas Gondré, prêtre du diocèse de Rouen.	79 —
28 février.	Jacques-Etienne Le Marinier, prêtre du diocèse de Bayeux.	83 —
7 mars.	Nicolas Normand, prêtre du diocèse de Rouen.	76 —

(1) Nous ignorons s'il faut distinguer ce prêtre d'un autre du même nom cité par l'abbé Langlois, dans son *Essai sur le Chapitre de Rouen*, p. 93 de la 2e édition.

(2) Cet ecclésiastique, originaire du Havre, avait été curé d'Héberville, près Saint-Valery-en-Caux. Il fit imprimer au Havre, chez Faure, en 1820 : « *Quelques réflexions relatives à l'Eglise actuelle de France.* » (L'abbé Lecomte, *les Egl. et le Clergé de la ville du Havre*, p. 162). — Nous avons signalé le décès d'Antonin Papillon en publiant la longue liste des *Morts imprévues dans le Clergé du diocèse de Rouen pendant le XIXe siècle.* (*Magasin Normand*, 15 mars 1869).

1827		
14 mai.	François De la Rue, prêtre du diocèse de Bayeux, missionnaire à Gosport.	65 ans.
6 août.	Martin Pinel, curé du diocèse de Bayeux.	72 —
1828		
» avril.	J.-J. Morel de Revière du diocèse de Bayeux.	66 —
28 juin.	J.-B. Fleury de Villes, du diocèse d'Evreux.	66 —
6 juillet.	J.-M. Travers du diocèse de Coutances	64 —
9 décemb.	Charles Lefebvre, du diocèse de Rouen, mort à Londres.	79 —
1829		
» janvier.	Charles-François Le Tellier, du diocèse de Lisieux, mort à Reading. .	77 —
11 mai.	Jean-Félix Carlu, du diocèse de Rouen. mort à Somers-Town	70 —
3 juin.	.... Herbot, du diocèse de Rouen.	70 —
2 août.	Pierre-Robert Vergy, du diocèse de Bayeux, mort à Mawley.	66 —
16 septemb.	Jean-Baptiste Aubert, du diocèse de Coutances, mort à Thorndon-Hall, Essex.	60 —
26 novemb.	Pierre-Charles Hérisson, du diocèse de Rouen.	72 —
1830		
18 janvier.	Jean-Baptiste-Louis-Pepin Le Tailleur ancien secrétaire de l'Archevêché de Rouen, mort à Londres. . . .	65 —
29 avril.	Pierre-Marin Lasne, du diocèse de Séez, chapelain de S. M. T. C. mort à Londres.	71 —
8 mai.	Jean-François Dalmont, du diocèse de Coutances, mort à Londres. . .	76 —